Δεν ξέρεις να πουλάς;

You don't know how to Sell?

———————

Μηλιάτσης Ιωάννης

1

You don't know how to sell?

ISBN: 1982039930
ISBN-13: 978-1982039936

Αφιέρωση

Αυτό το βιβλίο είναι αφιερωμένο σε όλους όσους έχουν την δίψα για μάθηση και αυτοβελτίωση. Σε αυτούς επίσης που καταλαβαίνουν ότι δεν μπορεί να υπάρχει επιτυχία στην ζωή χωρίς θυσίες και έχουν το κουράγιο να τις κάνουν.

Φυσικά είναι αφιερωμένο και στην οικογένειά μου που πάντα ήταν εκεί να με στηρίζει και να με ανέχεται όταν οι ανησυχίες μου με ωθούσαν να ρισκάρω και να τολμήσω.

Βικτωρία, Νικόλα, Σοφία ευχαριστώ και σας αγαπώ.

Περιεχόμενα

Εισαγωγή

Λέγομαι Γιάννης Μηλιάτσης και είμαι επαγγελματίας πωλητής. Δεν ήμουν πάντα επαγγελματίας, αλλά για καιρό θεωρούσα ότι είμαι απλά επειδή πληρωνόμουν για αυτό που έκανα. Πριν αποφασίσω να αναπτύξω συστηματικά αυτήν την δεξιότητα που λέγεται Πώληση δεν ήμουν καν ερασιτέχνης της. Απλά δήλωνα πωλητής ενώ στην ουσία ήμουν αυτό που ο μεγάλος Zig Ziglar ονόμαζε «Επαγγελματίας Επισκέπτης». Από τότε που θυμάμαι τον εαυτό μου η οικογένειά μου είχε video club. Ήμασταν από τα πρώτα video club στην Ελλάδα, τότε ακόμα δεν είχαμε καν υπολογιστή και γράφαμε σε ένα τεράστιο βιβλίο τις ενοικιάσεις. Εκεί μεγάλωσα και από τα 10 μου χρόνια κρατούσα πλέον το μαγαζί και μάθαινα πως εξυπηρετείς καλά τους πελάτες, ακόμα και αν κατά βάθος θέλεις να κλωτσήσεις μερικούς από αυτούς. Οι κινέζοι το είπαν ωραία

«Έχεις μαγαζί; Πρέπει να μάθεις να χαμογελάς»

Όμως ήμουν και λίγο ανήσυχο πνεύμα και στην ηλικία των 22 χρονών, και αφού απολύθηκα από φαντάρος και εξαφανίστηκα ως ερωτικός μετανάστης στο Ρότερνταμ της

6

Ολλανδίας για μερικούς μήνες, αποφάσισα να ανοίξω μια σχολή πολεμικών τεχνών στην Θεσσαλονίκη. Αυτή ήταν η μεγάλη μου αγάπη. Οι πολεμικές τέχνες. Όμως επειδή ήθελα να διδάσκω πολεμικές τέχνες χωρίς να σκέφτομαι τα καθημερινά έξοδα για λόγους βιοπορισμού συνέχισα να εργάζομαι στα καταστήματά μας.

Γρήγορα όμως άφησα το video club όπου επιβεβαιώθηκε η γνωστή ιστορία του νεαρού που αντιμάχεται τον πατέρα του και επαναστατεί και έπρεπε να δουλέψω. Έτσι κατέληξα στις πωλήσεις.

Και χρησιμοποιώ σκοπίμως αυτό το ρήμα «κατέληξα» γιατί είναι ο συνηθέστερος τρόπος να ασχοληθεί κάποιος με τις πωλήσεις. Δεν έχω συναντήσει ακόμα κάποιο παιδί που να έχει όνειρο να γίνει Επαγγελματίας Πωλητής. Καθόλου περίεργο, εάν δει κανείς τον τρόπο με τον οποίο αντιμετωπίζεται το επάγγελμα αυτό ανέκαθεν. Ίσως και όχι άδικα, όταν αυτοί που ασχολούνται με αυτό «κατέληξαν» σε αυτό. Είναι λίγο φαύλος κύκλος έτσι;

Όμως για μένα οι πωλήσεις είναι πλέον κάτι παραπάνω από επάγγελμα. Είναι μια πολύ βασική δεξιότητα που μπορείς να την εκπαιδεύσεις και έχει πραγματικά ΤΕΡΑΣΤΙΑ σημασία στην ζωή.

Δεν το κατάλαβα βέβαια από την αρχή που ξεκίνησα ως πωλητής αυτό. Κατάλαβα όμως ότι πρόκειται περί δεξιότητας που μπορείς να εκπαιδεύσεις.

Η πρώτη εταιρία στην οποία ξεκίνησα τις πωλήσεις πριν από αρκετά χρόνια είχε έναν ιδιαίτερο τρόπο εκπαίδευσης. Είμασταν 2 πωλητές και, αφού μέσα σε μερικές ώρες μας εξήγησαν τι θα πουλάμε, μας πήγαν στην Αγ. Σοφίας στο κέντρο της Θεσσαλονίκης και μας είπαν. «Εσύ έχεις την μισή Θεσσαλονίκη από αριστερά, εσύ από δεξιά.» και μας άφησαν. Εκεί ολοκληρώθηκε η εκπαίδευση. Πουλούσαμε υπηρεσίες διαδικτύου, όταν ακόμα ήταν πάρα πολύ ακριβό να κάνει κανείς eshop και ελάχιστοι άνθρωποι γνώριζαν τι ήταν αυτό. Μπαίνω λοιπόν στο πρώτο μαγαζί που βρήκα, ακόμα το θυμάμαι, ένα μαγαζί με είδη κομμωτηρίου, και έκανα μια χάλια παρουσίαση κατατρομαγμένος. «Γεια σας λέγομαι Γιάννης και θέλω να σας κάνω μια μικρή παρουσίαση για eshop..." ή κάτι τέτοιο. Ο τύπος άρχισε να φωνάζει ότι τον έχουν ζαλίσει κάθε μέρα όλοι όσοι έρχονται να του πουλήσουν κάτι και σχεδόν με τις κλωτσιές με έδιωξε από το κατάστημά του. Βγήκα από εκεί και σκέφτηκα. Αυτό θα κάνω κάθε μέρα όλη μέρα; Όμως είχα το μυαλό να καταλάβω ότι προφανώς κάτι έκανα εγώ λάθος στον τρόπο με τον οποίο προσέγγισα τον άνθρωπο αυτόν και πήρα την απόφαση να περάσω τις πρώτες μέρες προσπαθώντας να βρω τι δεν έκανα σωστά και να βελτιωθώ. Ο συνάδελφος πωλητής μετά από λίγες μέρες σταμάτησε. Εγώ άρχισα δειλά-δειλά να έχω κάποια αποτελέσματα και μόλις κατάλαβα ότι οι πωλήσεις είναι μια σειρά δεξιοτήτων στις οποίες μπορείς να εκπαιδευτείς ήμουν σίγουρος ότι θα πάω καλά.

Κατάλαβα ότι ο επαγγελματισμός και η επιτυχία στην πώληση ξεκινάει από την προσωπική εκπαίδευση. Δεν θα έφτανα να είμαι ένας επιτυχημένος πωλητής εάν δεν δούλευα επάνω στις δεξιότητες που απαιτούνται όπως κάνετε και εσείς τώρα. Οι πωλήσεις λοιπόν είναι το επάγγελμα που όλοι κάνουμε, απλά κάποιοι πληρώνονται καλά για αυτό. Είναι όμως ένα επάγγελμα λίγο περίεργο.

Όλοι μας μεγαλώνοντας ακούμε από τους γονείς μας ότι δεν πρέπει να μιλάμε σε ξένους, ότι δεν θα μιλάμε εάν δεν μας ρωτάνε, ότι δεν πρέπει να εμπιστευόμαστε τον κόσμο και διάφορα άλλα τέτοια που χωρίς να το θέλουμε μας καθορίζουν σε νεαρή ακόμα ηλικία.

Μεγαλώνοντας και μπαίνοντας στον χώρο των πωλήσεων πρέπει πολλές από αυτές τις προκαταλήψεις να δουλέψουμε για να τις ξεπεράσουμε. Μερικοί το καταφέρνουν περίφημα, ακόμα και όταν έχουν δυσκολίες.

Υπάρχει το παράδειγμα της κοπέλας η οποία είχε τραυλισμό αλλά είχε επίσης μια πολύ καλή καριέρα στις door 2 door πωλήσεις. Το κατάφερνε αυτό κάνοντας την παρουσίασή της στα καταστήματα που έμπαινε με δυσκολία και τραυλίζοντας και όταν κάποιος τις έλεγε ότι δεν ενδιαφέρεται του εξηγούσε, πάλι φυσικά τραυλίζοντας, ότι κάτι δεν κατάλαβε και θα του τα ξαναπεί, οπότε ο άνθρωπος πολύ συχνά την διέκοπτε για να αγοράσει αυτό που πουλούσε και να μην ξανακούσει την παρουσίαση!

Βλέπουμε λοιπόν ότι μπορούμε να εκμεταλλευτούμε τις αδυναμίες μας για το καλύτερο. Αρκεί να το πάρουμε απόφαση και να δουλέψουμε πάνω στις δεξιότητες που απαιτεί το επάγγελμά μας.

Αφού διαβάσεις αυτό το βιβλίο θα μπορείς να μπεις πολύ πιο εύκολα σε έναν χώρο, να καταλάβεις τι είδους άνθρωπος είναι αυτός που στέκεται απέναντί σου, να βρεις που πονάει επαγγελματικά και να τον εξυπηρετήσεις βοηθώντας τον να πάρει την σωστή απόφαση για μια αγορά προς όφελός του.

Ας ξαναγράψω το παραπάνω για να είναι ξεκάθαρο:

...να τον εξυπηρετήσεις βοηθώντας τον να πάρει την σωστή απόφαση για μια αγορά προς όφελός του.

Ας ξεκινήσουμε!

Κεφάλαιο 1.

Οι βασικοί τρόποι πώλησης

Direct Sales. Είναι η απευθείας πώληση σε καταναλωτή από καταναλωτή. Είναι πολύ δημοφιλής στα συστήματα δικτυακού μάρκετινγκ.

Door 2 Door. Είναι η πώληση προϊόντων ή υπηρεσιών πόρτα – πόρτα. Μπορεί κανείς να είναι πωλητής d2d και να προωθεί μικροαντικείμενα, υπηρεσίες, και να επισκέπτεται τόσο κατοικίες όσο και επιχειρήσεις.

B2B (Business 2 Business). Είναι η πώληση από επιχείρηση προς επιχείρηση.

Τηλεφωνική Πώληση. Το γνωστό σε όλους μας telemarketing. Μια διαδικασία που είναι μια τέχνη από μόνη της. Θέλει πολύ δουλειά αναφορικά με τον σωστό τρόπο επικοινωνίας μέσα από το τηλέφωνο (Παραγλωσσική επικοινωνία. Το αναφέρουμε παρακάτω) και δυστυχώς λίγες εταιρίες το κάνουν σωστά με αποτέλεσμα σπάνια κάποιο από τα τηλεφωνήματα που καθημερινά δεχόμαστε όλοι να είναι θετικό. **Ηλεκτρονική Πώληση.** Η πώληση προϊόντων ή υπηρεσιών μέσα από το διαδίκτυο. Πραγματικά μπορεί να θεωρηθεί το μέλλον των πωλήσεων, χωρίς όμως ακόμα (και για αρκετό καιρό ακόμα) να μπορεί να αντικαταστήσει την πρόσωπο με πρόσωπο επαφή. Ίσως ακόμα και να αυξάνει την ανάγκη αυτής (της πρόσωπο με πρόσωπο επαφής). Με το Marketing Automation και την εξέλιξη του Inbound Marketing μπορεί σε πολύ μεγάλο βαθμό να «ενώσει» 2 κομμάτια μιας επιχείρησης που εώς τώρα φαινόταν ότι δεν επικοινωνούσαν σωστά, αυτό του Μάρκετινγκ και αυτό των Πωλήσεων.

Social Selling. Το βάζω ξεχωριστά από την Ηλεκτρονική Πώληση αν και χρησιμοποιεί επίσης το Διαδίκτυο. Όμως το Social Selling θα πρέπει να διαφοροποιηθεί σαν μια κατηγορία από μόνο του λόγο της εξέλιξης που έχει τα τελευταία χρόνια και της γενικότερης ανάπτυξης των social media στην ζωή μας.

Τα βασικά είδη της πώλησης.

Μικρή πώληση. Είναι η πώληση που γίνεται κυρίως στον χώρο του προϊόντος, και ειδικότερα του φθηνού

13

προϊόντος. Εκεί όπου το ρίσκο είναι χαμηλό και ο αγοραστής μπορεί να ρισκάρει ευκολότερα, ειδικά εάν την ευθύνη την έχει μόνον ο ίδιος και δεν χρειάζεται να συμβουλευτεί ή να δώσει λόγο σε κάποιον συνέταιρο ή συμβούλιο. Π.χ. η αγορά μικροαντικειμένων όπου ο πωλητής μπαίνει στον χώρο του αγοραστή ή και το αντίθετο και η διαπραγμάτευση έχει μικρή διάρκεια και το λεγόμενο «κλείσιμο» αποκτά μεγάλη σημασία σαν ικανότητα, όπως παράδειγμα στην αιφνιδιαστική πώληση.

Η νοοτροπία της μικρής πώλησης δεν ταιριάζει στο επόμενο είδος της πώλησης, της μεγάλης δηλαδή, για αυτό και βλέπουμε πολλές φορές πωλητές που τα πάνε πολύ καλά στο ένα είδος να μην τα καταφέρνουν στο άλλο γιατί χρησιμοποιούν την ίδια νοοτροπία. Χωρίς αυτό βέβαια να σημαίνει ότι όποιος κάνει το ένα ή το άλλο είδος πώλησης υπερτερεί ή υστερεί.

Αυτό είναι καθαρά θέμα εκπαίδευσης.

Μεγάλη πώληση. Είναι η πώληση κατά την οποία τα χρήματα που εμπλέκονται είναι περισσότερα, ή πρόκειται για μακροχρόνια σχέση με μια εταιρία (υπηρεσίες) ή εμπλέκονται περισσότεροι άνθρωποι στην διαδικασία της απόφασης. Οι δεξιότητες που χρειάζονται για αυτό το είδος της πώλησης είναι αρκετά διαφορετικές από την μικρή πώληση μιας και η απόφαση να αγοράσει κάποιος είναι πιο

14

πολύπλοκη και εμπεριέχει μεγαλύτερο ρίσκο και ευθύνη από τον αγοραστή. Πρέπει να χτιστεί εμπιστοσύνη από τον πωλητή γιατί ο ίδιος παίζει τον μεγαλύτερο ρόλο στην απόφαση, εξάλλου ο αγοραστής θα τον 'παντρευτεί' για αρκετό καιρό με την έναρξη της συνεργασίας και το να του είναι συμπαθητικός και να τον εμπιστεύεται παίζει μεγάλο ρόλο.

Πρέπει ο πωλητής να έχει στο μυαλό του την παρακάτω παράγραφο που είναι μεγάλη αλήθεια στον χώρο τον πωλήσεων. Κάτι για να σημειώσεις...

Όταν όλες οι συνθήκες είναι ίσες ο αγοραστής θα αγοράσει από τον φίλο του. Όταν όλες οι συνθήκες δεν είναι ακριβώς ίσες ο αγοραστής θα αγοράσει πάλι από τον φίλο του.

Είναι πολύ σημαντικό να γνωρίζουμε πιο είδος της πώλησης ταιριάζει σε αυτό που κάνουμε για να γνωρίζουμε ποιες ικανότητες και δεξιότητες χρειάζεται να εκπαιδεύσουμε. **Πρέπει επίσης να γνωρίζουμε ότι οι άνθρωποι αγοράζουν με βάση το συναίσθημα. Μετά προσπαθούν να βρουν την λογική για να εξηγήσουν την απόφασή τους.**

15

Μικρή ιστορική αναδρομή στις τάσεις που επικράτησαν στις πωλήσεις.

1850. Άνοδος της πώλησης που επικεντρώνεται στο προϊόν.

1900. Άνοδος του διαχωρισμού της εργασίας όπου για πρώτη φορά (ξεκινώντας από τον ασφαλιστικό κλάδο) ο πωλητής σταματάει να ασχολείται με την εξυπηρέτηση του πελάτη και ασχολείται μόνο με την παραγωγή νέων πωλήσεων.

1920. Άνοδος της επαγγελματικής προσέγγισης. Με την έκδοση του βιβλίου «Η ψυχολογία της πώλησης ασφάλειας ζωής.» του Ε.Κ.Strong εισάγονται πλέον στον κόσμο των πωλήσεων η διαφοροποίηση σε χαρακτηριστικά και οφέλη, ανοιχτές και κλειστές ερωτήσεις, Θέατρο πωλήσεων, ανάλυση αναγκών, χρήση στρατηγικών πώλησης κλπ.

1950. Άνοδος της ψυχολογίας Παρακίνησης στις πωλήσεις με τα βιβλία «Πως ανέβασα τον εαυτό μου από την αποτυχία στην επιτυχία στις πωλήσεις.» του Frank Bettker και «The Hidden Persueder» του Vance Packard.

1960. Η άνοδος των closers (αυτόν που εστιάζουν πολύ στο κλείσιμο της πώλησης). Αυτό έγινε με τα βιβλία «13 αποτελεσματικοί τρόποι να κλείνεις την πώληση.» του

J.Douglas Edward και το «#1 car salesman Guinness Book of world record» του Joe Girard.

1970. Άνοδος της συμβουλευτικής Πώλησης με το βιβλίο «Consultive Selling» του Marc Hanan.

1980. Η άνοδος της περίπλοκης Πώλησης και των Ερωτήσεων ανάλυσης αναγκών με τα βιβλία «Strategic Selling» από Miller-Heilman και το «S.P.I.N. Selling» του Neil Rackman.

1990. Άνοδος της πώλησης μέσα από διαπροσωπικές σχέσεις με τα βιβλία «Relationship Selling» του Jim Cathcart και του «Value added Selling» του Tom Reily.

2000. Άνοδος της Πελατοκεντρικής Πώλησης με τα βιβλία «Customer Centric Selling» του Michael Bosworth & John Holland και του «Selling to the C-Suite» των Nicolas Read & Dr. Stephen Bistritz.

2010. Άνοδος των ειδικών της πληροφορίας με το βιβλίο «The Challenger Sale» των Matthew Dixon και Brent Adamson.

Στο τέλος του βιβλίου υπάρχει παράρτημα με τις σημαντικότερες μεθοδολογίες πωλήσεων και πληροφορίες για αυτές!

Κεφάλαιο 2.

Σκοπός της Πώλησης και Ηθική Πώληση.

Σκοπός της πώλησης είναι να βρεις το κατάλληλο φάρμακο για τον πόνο του επαγγελματία και να του δώσεις να καταλάβει ότι πρέπει να πάρει μια απόφαση προς όφελός του.

Ζούμε σε μια πολύ μικρή χώρα. Η δουλειά μας είναι άμεσα συνυφασμένη με την ποιότητα του χαρακτήρα μας.

Πρέπει λοιπόν να προστατεύσουμε το μέλλον μας και να μην κάνουμε ενέργειες που δεν είναι ηθικές. Ποιες είναι αυτές;

Για να το θέσω απλά εάν αισθάνεσαι ότι δεν πρέπει να πεις ή να κάνεις κάτι γιατί θα προδώσεις τον άλλον τότε μάλλον δεν πρέπει να το κάνεις.

Μετά από έρευνες έχει βρεθεί ότι περίπου το 77% των πελατών θα εμπιστευόντουσαν εύκολα ή σχετικά εύκολα την εταιρία εάν εμπιστευόντουσαν τον πωλητή. Σε έρευνα της εταιρίας του Dale Carnegie σε 1000 πελάτες παγκοσμίως το 63% είπαν ότι θα προτιμούσαν έναν πωλητή που εμπιστεύονταν απόλυτα από αυτόν που θα τους έδινε την καλύτερη τιμή.

Η αλλαγή της δύναμης του καταναλωτή. Αυτό που πλέον έχει αλλάξει τα τελευταία χρόνια δραστικά είναι η δύναμη του καταναλωτή. Είναι πιο πληροφορημένος, πολύ σπάνια κάνει αγορές χωρίς να τις ψάξει καλά και τις περισσότερες φορές όταν μπαίνει σε ένα χώρο έχει ήδη στο μυαλό του τι θέλει. Κάποιες φορές μάλιστα η επιμονή του πωλητή για συγκεκριμένα προϊόντα μπορεί να χαλάσει εντελώς την πώληση.

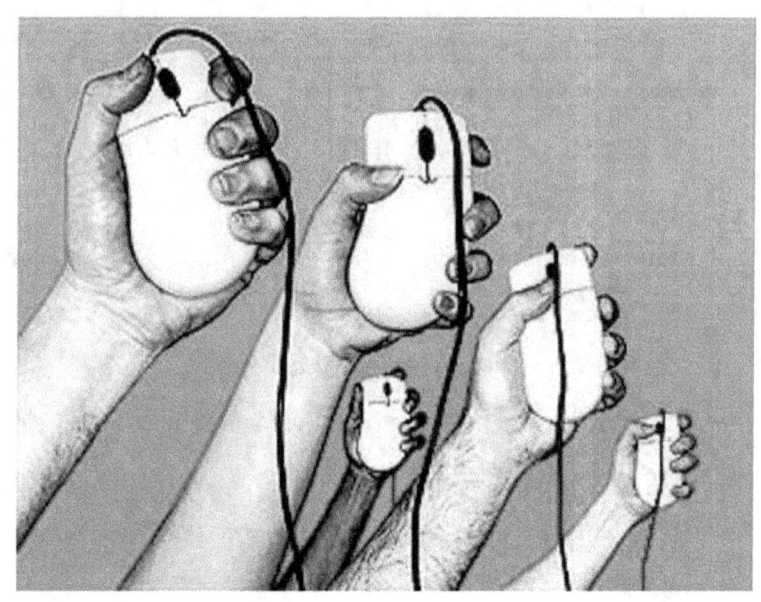

Δες το από τον εαυτό σου. Πόσες φορές μπήκες σε ένα μαγαζί με τα λεφτά στην τσέπη και έφυγες χωρίς να αγοράσεις επειδή ο πωλητής σε πίεσε να αγοράσεις κάτι άλλο χωρίς να αναλύσει τις ανάγκες σου και χωρίς να βρει που στην ουσία πονάς;

Προσωπικά μου έχει συμβεί αρκετές. Καταλαβαίνω ότι οι εντολές που έχει ένα πωλητής μπορεί να είναι π.χ. να προωθήσει το στοκ του, να κλείσει μεγαλύτερες πωλήσεις για να πάρει το πολυπόθητο bonus αλλά το αποτέλεσμα είναι κακό.

Αυτή είναι κακή πώληση. Αυτό λοιπόν που πρέπει να προσέχουμε πάντα είναι να έχουμε υπομονή με τον πελάτη και επίγνωση ότι θα ερευνήσει για το προϊόν μας ή την υπηρεσία μας, καθώς επίσης και για εμάς τους ίδιους.

Ειδικά στις μεγαλύτερες πωλήσεις πρέπει να είστε σίγουροι ότι όπως θα κάνεις την έρευνα σου εσύ για τον υποψήφιο πελάτη έτσι **και ο πελάτης θα κάνει την έρευνα του για την εταιρία σου και εσένα τον ίδιο. Social media, αναζήτηση στην google κλπ. Και δεν μπορείς να κάνεις τίποτα για να τον σταματήσεις.** Στην ουσία λοιπόν αυτό το οποίο παίζει τον μεγαλύτερο ρόλο είναι κατά πόσον ο πελάτης θα αγοράσει εσένα. Κάτι για να σημειώσεις...

Ακόμα και αν το προϊόν σας είναι το καλύτερο ή το συμφερότερο ο πελάτης δεν θα αποφασίσει να προχωρήσει σε αγορά εάν δεν 'αγοράσει' τον άνθρωπο που το εκπροσωπεί.

Και αυτή είναι μια μαγική στιγμή. Η στιγμή δηλαδή που ο πελάτης σε εμπιστεύεται αρκετά για να προχωρήσει σε μια απόφαση, γνωρίζοντας ότι μπορεί να έχει το ίδιο προϊόν ή υπηρεσία από αλλού ίσως και σε καλύτερη τιμή, χωρίς όμως να έχει τον ίδιο άνθρωπο να τον βοηθήσει.

Πώς όμως πουλάμε τον εαυτό μας σωστά; Πρώτα πρέπει να δούμε με ποιον έχουμε να κάνουμε απέναντι μας.

Υπάρχουν 4 βασικά είδη πελατών και κατ' επέκτασιν ανθρώπων..

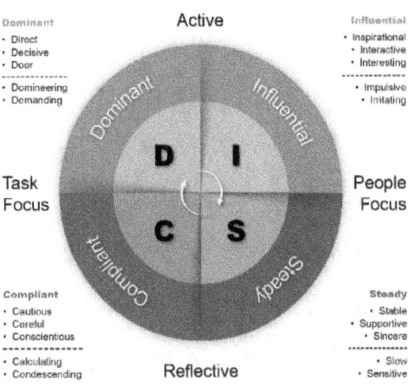

Dominant — Active — Influential
- Direct
- Decisive
- Doer
- Domineering
- Demanding

- Inspirational
- Interactive
- Interesting
- Impulsive
- Irritating

Task Focus — People Focus

D I C S

Compliant — Reflective — Steady
- Cautious
- Careful
- Conscientious
- Calculating
- Condescending

- Stable
- Supportive
- Sincere
- Slow
- Sensitive

Κεφάλαιο 3.

Εισαγωγή στο D.I.S.C. Profiling.

Μιλώντας με πολλούς ανθρώπους κάθε μέρα γρήγορα καταλαβαίνεις ότι δεν μπορείς να επικοινωνείς με τον ίδιο τρόπο με όλους. Κάθε ένας είναι διαφορετικός και πρέπει να αντιμετωπίζεται αναλόγως.

Αυτό το κατάλαβα και το έψαξα πρώτη φορά όταν ήμουν ακόμα νέος δάσκαλος πολεμικών τεχνών και προσπαθούσα να είμαι όσο μπορούσα καλύτερος. Κάθε μαθητής μου ήθελε τον τρόπο του για να αποδώσει. Άλλοι ήθελαν το στερεότυπο του αυστηρού δασκάλου για να βγάλουν αποτέλεσμα σε μια προπόνηση, άλλοι ήθελαν να τους εξηγείς τα πάντα με λεπτομέρειες, άλλοι ήθελαν πιο χαλαρό κλίμα για να μην κομπλάρουν.

23

Βρήκα λοιπόν ότι επί της ουσίας υπάρχουν 4 είδη ανθρώπων. Αργότερα δουλεύοντας πάνω στις δεξιότητες της πώλησης ανακάλυψα ποιος είναι ο καλύτερος τρόπος να πουλήσεις σε αυτούς.

Το παρακάτω σύστημα λέγετε DISC Profiling. Το DISC βγαίνει από τα αρχικά των 4 χαρακτήρων που αναλύει. Δηλαδή Dominant – Influencer – Stable – Careful. Μπορείς να δεις πολλές πληροφορίες στο διαδίκτυο για αυτό (https://www.discprofile.com/what-is-disc/overview/) και πιστέψτε με έχουν βγει τόσα βιβλία για το σύστημα αυτό που μπορεί να γίνει από μόνο του ένα πολύ μεγάλο σεμινάριο. Ας δούμε όμως τα βασικά που θα μας δώσουν το ανταγωνιστικό πλεονέκτημα στην δουλειά μας.

Από την σελίδα του DiSC: «Το DiSC το χρησιμοποιούν περισσότεροι από 1 εκατ. άνθρωποι κάθε χρόνο για να βελτιώσουν την παραγωγικότητα, την ομαδικότητα και την επικοινωνία τους.

Το DiSC μπορεί να βοηθήσει εσάς και την ομάδα σας να:

Αυξήσετε την αυτογνωσία σας. Πως αντιδράτε στις συγκρούσεις, τι είναι αυτό που σας κινητοποιεί, τι σας προκαλεί στρες και πως λύνετε προβλήματα.

Μπορεί να **βελτιώσει** τις εργατικές σχέσεις αναγνωρίζοντας τις επικοινωνιακές ανάγκες του κάθε μέλους της ομάδας.

Μπορεί να **εξασφαλίσει καλύτερη ομαδικότητα** και να διδάξει την παραγωγική σύγκρουση.

Μπορεί να **αναπτύξει τις δεξιότητες** Πώλησης βοηθώντας στην καλύτερη αναγνώριση και αντιμετώπιση της συμπεριφοράς του πελάτη.

Μπορεί να **βοηθήσει στην διαχείριση προσωπικού** κάνοντας ευκολότερη την κατανόηση των προτεραιοτήτων και της ιδιοσυγκρασίας των υπαλλήλων και μελών της ομάδας.

Μπορεί να **δημιουργήσει ηγέτες** με μεγαλύτερη επίγνωση και αποτελεσματικότητα.»

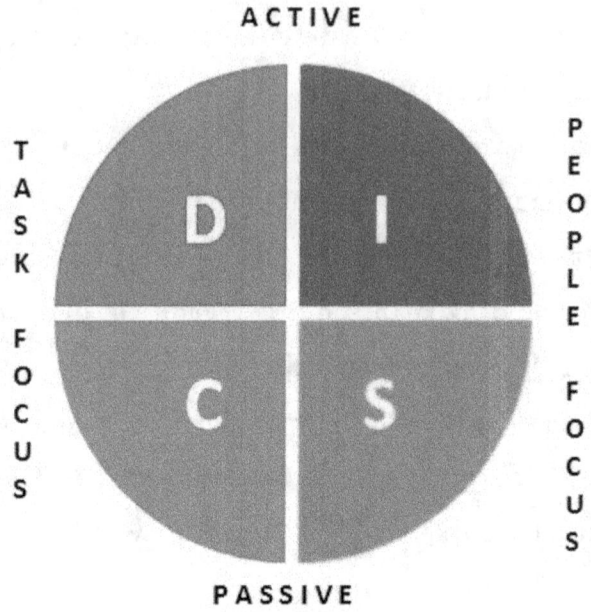

ACTIVE

TASK FOCUS

PEOPLE FOCUS

PASSIVE

Το σύστημα αυτό χωρίζει τις 4 βασικές συμπεριφορές με βάση το εάν είναι κάποιος ανοιχτός ή κλειστός χαρακτήρας και με βάση το εάν είναι προσανατολισμένος στο αποτέλεσμα ή τους ανθρώπους. Έτσι προκύπτουν 4 τεταρτημόρια, 4 είδη χαρακτήρα. Πάμε να τα δούμε με την σειρά έτσι ώστε να καταλάβουμε περισσότερο για το κάθε ένα από αυτά.

1.) Dominant (Κυρίαρχος) Αυτός που είναι Ανοιχτός και προσανατολισμένος στα αποτελέσματα.

Ο κύριος φόβος του Κυριαρχικού είναι η αποτυχία. Η ανάγκη του να κυριαρχήσει σε ανθρώπους και καταστάσεις είναι αυτή που του δημιουργεί και αυτόν τον φόβο της αποτυχίας. Κίνητρά του είναι τα χειροπιαστά αποτελέσματα. Είναι αυτός που πολύ νωρίς στην συζήτηση θα σου ζητήσει να «μπείς νωρίς στο ψητό» είτε λέγοντας ακριβώς αυτά τα λόγια, είτε δυσανασχετώντας όταν καθυστερείς.

Λέξεις που τον περιγράφουν: Δυναμικός, Ανταγωνιστικός, Σθεναρός, Αδιάκριτος, Ευθύς, Αυτοενεργεί.

Αναγνώριση της εμφανούς συμπεριφοράς. Μιλάει δυνατά, δείχνει με το δάχτυλο, μεγάλες κινήσεις των χεριών, δεν φοβάται να πει την γνώμη του.

Προσωπικός Χώρος: Πιθανώς ανοργάνωτος, περισσότερο λειτουργικός παρά άνετος.

Απεχθάνεται την αρχειοθέτηση και τα τοποθετεί "το ένα πάνω στο άλλο" χωρίς φαινομενικά κανένα σύστημα. Όταν χρειαστεί κάτι ξέρει συνήθως που θα το βρει.

Τύπος ερωτήσεων: ΤΙ θα κερδίσω;

Πώς επικοινωνούμε αποτελεσματικά με αυτούς;
Πρώτα από όλα δεν αμφισβητείς τίποτα από όσα λένε. Εάν το κάνεις αυτό γίνονται έξαλλοι. Επιπλέον μπαίνεις νωρίς

27

στο ψητό που λένε. Δεν τους κουράζεις με περιττές λεπτομέρειες.

Είναι οι άνθρωποι που ενδιαφέρονται για το διαφορετικό και αυτό που θα τους βοηθήσει να κερδίσουν τον ανταγωνισμό. *Έτσι λοιπόν πρέπει να φροντίσεις να τους παρουσιάσεις το προϊόν ή την υπηρεσία σου, σαν κάτι το διαφορετικό που θα τους βοηθήσει να κερδίσουν.* Πολλές φορές οι πωλήσεις γίνονται γρήγορα με αυτού του είδους τους ανθρώπους αλλά έχουν και υψηλό ποσοστό ακυρώσεων.

2) Influencer (Επηρεάζων) Αυτός που είναι ανοιχτός και προσανατολισμένος στους ανθρώπους.

Ο κύριος φόβος του Επηρεάζων είναι η απόρριψη. Είναι αυτός που εάν δεν του δώσεις σημασία τότε σίγουρα δεν ξεκίνησες την σχέση μαζί του καλά. *Ένα πολύ κλασικό παράδειγμα (που μου έχει συμβεί αρκετές φορές έξω στην δουλειά) είναι όταν ο Επηρεάζων είναι η κοπέλα στην γραμματειακή υποστήριξη, η οποία εάν δεν της δώσεις την κατάλληλη σημασία τότε είναι σίγουρο ότι θα σου κάνει την ζωή, και την πώληση, πολύ πιο δύσκολη.*

Κίνητρά του είναι η Κοινωνική Αναγνώριση όπως αναφέραμε και παραπάνω.

Λέξεις που τον περιγράφουν: Με επιρροή, Πειστικός, Φιλικός, Ομιλητικός, Επικοινωνιακός.

Αναγνώριση της εμφανούς συμπεριφοράς. Είναι διαχυτικός και αγκαλιάζει διαρκώς, θυμάται ονόματα και ιστορίες και μπορεί να σε κάνει να νοιώσεις άνετα γρήγορα. Λόγο του ότι δεν είναι καλά οργανωμένος και δεν θυμάται λεπτομέρειες η πώληση μπορεί να διαρκέσει αρκετά γιατί έχει μια τάση στην καθυστέρηση λόγο αφηρημάδας. Χρειάζεται υπομονή στην διαδικασία της πώλησης και φιλικό κλίμα.

Προσωπικός χώρος: Ο χώρος του είναι συνήθως άνω κάτω και ανοργάνωτος.

Τύπος ερωτήσεων: ΠΟΙΟΣ θα το κάνει; ΠΟΙΟΣ κερδίζει; ΜΕ ΠΟΙΟΝ θα μιλάω;

Πώς επικοινωνούμε αποτελεσματικά με αυτόν; Θέλουν να είναι το κέντρο της προσοχής και έτσι και κάνεις το λάθος να τους απομονώσεις τότε είσαι χαμένος μαζί τους. Μπαίνεις μέσα και δεν τους λες καλημέρα και δεν ασχολείσαι μαζί τους, τους έχασες. Είναι άνθρωποι που ενδιαφέρονται για το μοδάτο, αυτό που είναι in τώρα, και έτσι πρέπει να προωθήσεις το προϊόν ή την υπηρεσία σου.

29

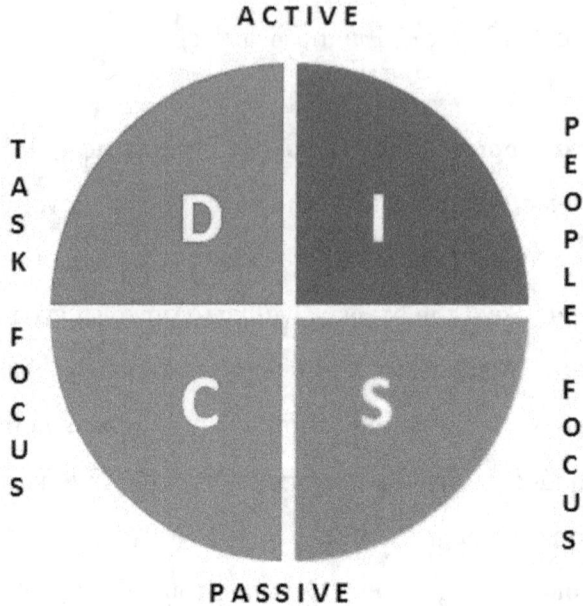

ACTIVE

TASK FOCUS

PEOPLE FOCUS

D I
C S

PASSIVE

3) Stable (Σταθερός) Αυτός που είναι κλειστός και προσανατολισμένος στους ανθρώπους.

Είναι άνθρωπος, που ο μεγαλύτερος φόβος του είναι το απρόοπτο. Δεν αντέχει να αλλάζει η κατάστασή του και είναι διστακτικός σε οτιδήποτε είναι νέο μοδάτο και διαφορετικό. Επίσης, λόγο του ότι είναι κλειστός χαρακτήρας, είναι πολύ δύσκολο να τον ανοίξεις για να καταλάβεις τις ανάγκες του. Μπορεί να είναι ευγενικός μαζί σου και να σε ακούσει αλλά να έχει ήδη πάρει την απόφαση (πολύ πιθανόν γιατί τον τρόμαξες με κάτι νέο και διαφορετικό) να μην προχωρήσει σε αγορά.

Κίνητρά του είναι η ασφάλεια και το οικείο περιβάλλον.

Λέξεις που τον περιγράφουν: Αξιόπιστος, Μεθοδικός, Υπομονετικός, Επίμονος, Καλός ακροατής, Σταθερός.

Αναγνώριση της εμφανούς συμπεριφοράς. Οργανωμένος και με διαδικασίες. Προσπαθεί να έχει καλές σχέσεις με τους τριγύρω του και εάν του εμπνεύσεις εμπιστοσύνη μπορεί να σε βοηθήσουν πολύ. Μιλάει χαμηλόφωνα και ακούει περισσότερο από όσο μιλάει.

Προσωπικός Χώρος: Πινακίδα με το όνομά του. Το γραφείο του καλά οργανωμένο. Τα πάντα σε τάξη

Τύπος ερωτήσεων: ΓΙΑΤΙ να το κάνω;

Πώς επικοινωνήσεις αποτελεσματικά με αυτόν; Ο άνθρωπος αυτός δεν θέλει την αλλαγή. Εάν τον προσεγγίσεις με σκοπό να του προσφέρεις κάτι που θα αλλάξει την κατάστασή του, κάτι νέο, έχεις χάσει το παιχνίδι. Θέλει μόνο την ασφάλεια και προτιμάει το κλασικό και παραδοσιακό.

4) Careful (Προσεκτικός). Αυτός ο οποίος είναι κλειστός και προσανατολισμένος στο αποτέλεσμα.

31

Είναι ο άνθρωπος οι οποίος είναι αυτό που λέμε κομπιουτεράκι. Ο κύριος φόβος του είναι οι συγκρούσεις και οι φασαρίες. Προτιμάει τις διαδικασίες και την ανάλυση. Εάν πρόκειται να πάρει μια απόφαση τότε θα πρέπει να έχει όλα τα δεδομένα για να το κάνει.

Κίνητρα: Κανόνες - Διαδικασίες

Λέξεις που τον περιγράφουν: Συστηματικός, Ακριβής, Σωστός, Τελειομανής, Λογικός, Πειθαρχημένος.

Αναγνώριση της εμφανούς συμπεριφοράς. Λόγο του ότι είναι κλειστός σαν χαρακτήρας δεν μιλάει δυνατά και περισσότερο παρατηρεί. Όμως εάν του πεις ότι κάπου στους υπολογισμούς του έχει κάνει λάθος δεν φοβάται να βάλει τις φωνές για να υπερασπιστεί τις διαδικασίες του. Βλέπουμε για μισόκλειστα μάτια και σταυρωμένα χέρια, ως συνήθως.

Προσωπικός Χώρος:

Πολύ τακτοποιημένος, σχεδόν απρόσωπος χώρος γραφείου, μόνο τα απαραίτητα.

Τύπος ερωτήσεων: ΠΩΣ θα το κάνω; ΠΩΣ δουλεύει;

Πως να μιλήσεις αποτελεσματικά σε αυτόν. Το χειρότερο που μπορείς να κάνεις σε αυτόν είναι να κριτικάρεις την δουλειά του. Θα γίνει έξαλλος και φυσικά δεν το θέλεις αυτό. Ο τρόπος επικοινωνίας είναι πολύ

32

αναλυτικός, παρουσιάζοντας δεδομένα και με προσανατολισμό στην Ποιότητα και την τιμή. Να είσαι έτοιμος για πώληση που θα διαρκέσει πολύ και θα σε δυσκολέψει αρκετά. Είναι όμως, ως συνήθως, και ο πιο πιστός πελάτης.

Σημείωση!

Να θυμάσαι ότι οι περισσότεροι άνθρωποι είναι μια μίξη από τις παραπάνω προσωπικότητες και δεν ταιριάζουν απολύτως μόνο σε μία από αυτές. Πρέπει λοιπόν να έχεις μεγάλη παρατηρητικότητα και να μπορείς να μιλήσεις αναλόγως με την προσωπικότητα του πελάτη σου.

Αφού καταλάβεις ποιο είναι το στοιχείο που υπερτερεί τότε θα πρέπει να αλλάξεις κάπως και την δική σου συμπεριφορά για να μπορείς να συνεννοηθείς καλύτερα. Να κάνεις στην ουσία έναν αντικατοπτρισμό...

Αυτό δεν σημαίνει ότι θα τον ξεγελάσεις ή θα είσαι ανέντιμος μαζί του. Δεν λέμε να του πεις κάτι που δεν ισχύει. Όμως εάν ένας Προσεκτικός σου δείξει ότι έχει ανάγκη από τα δεδομένα για να πάρει την απόφαση να προχωρήσει μπροστά και εσύ δεν το καταλάβεις και λες γενικότητες τότε θα χάσεις την πώληση.

Για μένα αυτό είναι ανέντιμο!

Γιατί έχασες την ευκαιρία να λύσεις το πρόβλημα κάποιου από ανικανότητα να επικοινωνήσεις αποτελεσματικά!

Πρέπει λοιπόν να μπορείς να επικοινωνήσεις με τον πελάτη με τον τρόπο που ΑΥΤΟΣ μπορεί να συνεννοηθεί καλύτερα.

Το DiSC μπορεί να είναι πάρα πολύ αποτελεσματικό εάν γίνουν πολλές φορές εκπαιδεύσεις με Θέατρο πωλήσεων. Εκεί θα μπορέσεις να μάθεις να αλλάζεις τον τρόπο επικοινωνίας για καλύτερο αποτέλεσμα. Εάν δεν έχεις πρόσβαση σε τέτοιες εκπαιδεύσεις μπορείς να επικοινωνήσεις μαζί μας για μία!

Κεφάλαιο 4.

Το Personal Brand σου.

Συχνά συναντάω ανθρώπους που είναι στον χώρο των πωλήσεων και ντρέπονται να το αναφέρουν. Δεν το γράφουν καν στις κάρτες τους! Φοβούνται γιατί μπορεί να τρομάξει αυτός με τον οποίο μιλάνε. Το καταλαβαίνω...

Από τον χώρο μας, κυρίως επειδή οι περισσότεροι (όπως και εγώ) ξεκίνησαν στις πωλήσεις «καταλήγοντας» σε αυτές, έχουν περάσει πάρα πολλοί κακοί πωλητές και μερικοί εγκληματίες. Αυτό που μου κάνει εντύπωση είναι ότι μόνον οι πωλητές έχουν τόσο αμυντική συμπεριφορά σε αυτό.

Δεν βλέπω γιατρούς να ντρέπονται να γράψουν ότι είναι γιατροί στην κάρτα τους. Και είναι σίγουρο ότι υπάρχουν πολλοί κακοί γιατροί και κάποιοι λίγοι απατεώνες.

Δεν βλέπω λογιστές να ντρέπονται να το βάλουν στις κάρτες τους; Ασφαλιστές; Πολιτικοί; Κατάλαβες που το πάω. Σε όλους τους χώρους υπάρχουν άσχετοι και απατεώνες. Αυτό που έχει σημασία είναι να μπορέσεις να χτίσεις την προσωπική σου ταυτότητα, το προσωπικό σου Brand, προσπαθώντας να είσαι πάντα ηθικός και να μην ντρέπεσαι να λες ότι είσαι επαγγελματίας πωλητής.

Social Media. Πλέον θεωρείται περίεργος όποιος δεν τα χρησιμοποιεί. Καλώς ή κακώς, δεν γνωρίζω και δεν είναι το θέμα του βιβλίου μου αυτό. Όμως, εφόσον τα χρησιμοποιείς κάνε το όπως πρέπει. Χρησιμοποίησέ τα σαν εργαλεία για να προωθήσεις το προσωπικό σου Brand και όχι όπως θέλουν να τα χρησιμοποιήσεις, σαν ένα reality της ζωής σου.

Συχνά βλέπω φίλους να ανεβάζουν πολιτικές ακραίες πεποιθήσεις, ποδοσφαιρικές, άσεμνη γλώσσα κλπ και όταν τους ίδιους τους λες να βγουν στο μπαλκόνι και να τα φωνάξουν όλα αυτά ντρέπονται. Κάπου έχουν χάσει τον έλεγχο.

Ακόμα και αν δεν είσαι στις πωλήσεις, αυτός που θέλει να συνεργαστεί μαζί σου το πρώτο πράγμα που θα ψάξει είναι τα μέσα κοινωνικής δικτύωσης. Τι εικόνα θα βρει για σένα;

Μήπως είναι καιρός να αρχίσεις να δημιουργείς την εικόνα που θα σε βοηθήσει να φτάσεις τους στόχους σου πιο εύκολα;

Κεφάλαιο 5.

Για να μπορέσει ένας πωλητής να λειτουργήσει παραγωγικά και αποτελεσματικά πρέπει δεξιότητες όπως η παραπάνω που αναφέραμε (να αναγνωρίζει τους 4 τύπους) να τις κάνει μέρος της καλοδιατηρημένης μηχανής του. Μιας μηχανής που αποτελείται από 6 κυλίνδρους.

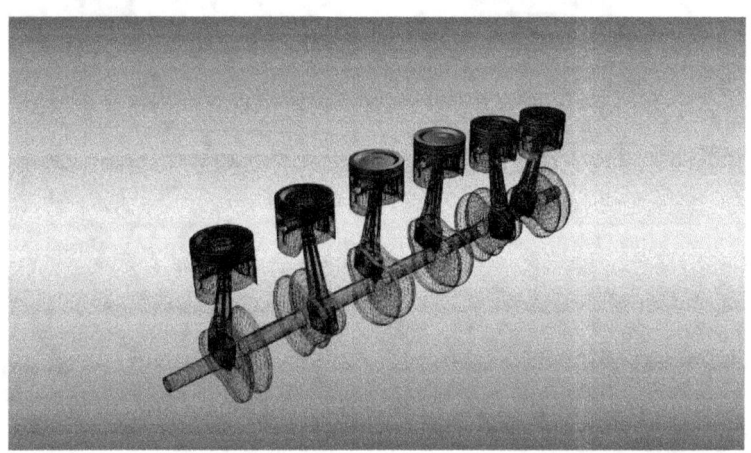

Οι κύλινδροι του επαγγελματία πωλητή

1. **Γνώση της κατάστασης στην χώρα.** Ο επαγγελματίας πωλητής πρέπει να έχει μια βασική γνώση του επιχειρηματικού κόσμου στον οποίο κινείται. Για παράδειγμα δεν μπορεί να πουλάς

στην Ελλάδα του 2018 και να μην γνωρίζεις ότι υπάρχουν περιορισμοί στην διακίνηση κεφαλαίων.

2. **Γνώση της βιομηχανίας στην οποία βρίσκεται.** Ο επαγγελματίας πωλητής πρέπει να γνωρίζει όλα όσα συμβαίνουν στον χώρο τον οποίο δραστηριοποιείται. Ποιοι είναι οι πρωταγωνιστές του χώρου; Ποιες είναι οι εξελίξεις; Ποια είναι η κατεύθυνση στην οποία πηγαίνει ο χώρος του; Αυτά πρέπει να τα γνωρίζει.

3. **Γνώση της εταιρίας που εργάζεται.** Ο επαγγελματίας πωλητής πρέπει να γνωρίζει όσο γίνεται περισσότερα για την εταιρία για την οποία εργάζεται έτσι ώστε να την αντιπροσωπεύει σύμφωνα με το πνεύμα που την κυριαρχεί. Τόσο για την φιλοσοφία της εταιρίας, τα πρόσωπα, τις πολιτικές μέσα στην εταιρία, ακόμα και τις μικρο-πολιτικές που κάθε εταιρία έχει και πολλές φορές έρχονται σαν εμπόδια στην παραγωγικότητα.

4. **Γνώση του προϊόντος.** Όσο και αν ακούγεται απλό πολλοί πωλητές δεν γνωρίζουν όλα όσα πρέπει για το προϊόν τους. Ο επαγγελματίας γνωρίζει όσο μπορεί περισσότερα, είτε ρωτώντας το μάρκετινγκ

είτε ακόμα και πελάτες που έχουν αγοράσει το προϊόν και θέλει να ανακαλύψει γιατί. Μπορεί κάποιος να αγόρασε το προϊόν μας για τελείως διαφορετικούς λόγους για τους οποίους το πουλούσαμε εμείς έως τώρα και να μας ανοίξει τα μάτια σε νέες προοπτικές.

5. **Γνώση της πώλησης.** Ακόμα και αν είσαι πολλά χρόνια στον χώρο των πωλήσεων η εκπαίδευση και βελτίωση των δεξιοτήτων που χρειάζονται για να θεωρείσαι επαγγελματίας πωλητής πρέπει να είναι συνεχής. Κάθε φορά που γνωρίζω κάποιον πωλητή που δεν προσπαθεί να βελτιωθεί και να μάθει νέα πράγματα ξέρω ότι βλέπω κάποιον που είναι μια απόλυση πριν την αποτυχία. Εάν απολυθεί, πολύ γρήγορα θα τον χτυπήσει η πραγματικότητα αμείλικτα ότι έχει μείνει πολύ πίσω για να είναι πλέον χρήσιμος.

6. **Συμπεριφορά.** Ίσως ο σημαντικότερος παράγοντας για την επιτυχία. Εάν αυτό ο κύλινδρος δεν λειτουργεί σωστά, τίποτα δεν μπορεί να γίνει. Τι θα πει όμως σωστά. Θα πει με διαρκή δίψα για μάθηση και αυτοβελτίωση και μια αίσθηση

επαγγελματισμού σε όλα, όπως θα δούμε παρακάτω.

Τα 3 πράγματα που πρέπει να δείξεις σε 3''

Μπορεί κάποιος ακούγοντας αυτόν τον τίτλο 3 πράγματα που πρέπει να δείξεις σε 3'' να παραξενευτεί. Τι μπορείς να δείξεις άραγε σε 3'' και γιατί είναι σημαντικό να τα δείξεις. Η σύντομη απάντηση είναι: τα πάντα! Αυτό που λέμε πρώτη εντύπωση στις πωλήσεις είναι από τα σημαντικότερα θέματα. Όμως οι περισσότεροι πωλητές επικεντρώνονται στο ντύσιμο μόνο. Σίγουρα το ντύσιμο είναι σημαντικό και μιλάμε για αυτό λίγο παρακάτω αλλά υπάρχουν πράγματα ακόμα πιο σημαντικά που πρέπει να δείξεις στην πρώτη εντύπωση. Άλλωστε δεν θα έχεις άλλη ευκαιρία για να την κάνεις! Πάμε να δούμε όμως γιατί έχεις τόσο λίγο χρόνο.

Ο Jeff Shore έχει πει.

Εάν η πρόθεσή σου είναι λάθος, η καλύτερη τεχνική του κόσμου δεν μπορεί να σε βοηθήσει.

41

Τι εννοούσε; Σκέψου το για μια στιγμή. Γιατί θέλω πραγματικά να προσεγγίσω τον συγκεκριμένο άνθρωπο στον οποίο ήρθα; Αυτό που είναι σημαντικό να καταλάβεις είναι ότι επικοινωνείς αυτήν την πρόθεση ασυναίσθητα στον άνθρωπο απέναντι σου...100%

Πώς; Πάμε να δούμε λίγο την έρευνα πίσω από αυτό.

Ο επιστήμονας Giacomo Rizzolatti το 1990 έκανε μια εκπληκτική ανακάλυψη. Αυτός και η ομάδα του εκπαίδευαν μαϊμούδες να κάνουν διάφορα πράγματα με ανταμοιβή φιστίκια. Όταν η μαϊμού έπαιρνε το φιστίκι τα κέντρα ευχαρίστησης του εγκεφάλου της άναβαν σαν Χριστουγεννιάτικο δέντρο όπως έδειχναν τα ηλεκτρόδια με τα οποία ήταν συνδεδεμένες.

Μια μέρα ένας επιστήμονας έφαγε ένα από τα φιστίκια μπροστά σε μια μαϊμού και συνέβη το ίδιο πράγμα! Τα κέντρα ευχαρίστησης της μαϊμούς ξανά άναψαν! Μετά από αρκετή έρευνα ο Rizzolatti ανακάλυψε ότι τόσο οι μαϊμούδες, όσο και οι άνθρωποι, έχουν κάποιους νευρώνες τους οποίους ονόμασε καθρεπτικούς νευρώνες.

Αυτοί οι νευρώνες παίρνουν μέρος σε πολλά πράγματα στην ζωή μας με το σημαντικότερο να είναι η κατανόηση των προθέσεων και η ικανότητα να νοιώσουμε τι αισθάνεται ο απέναντι.

Είμαστε λοιπόν φτιαγμένοι για να νοιώθουμε τον άλλον. **Τι λέει για εσένα η μη-λεκτική σου επικοινωνία;**

Τα 3 πράγματα που πρέπει να λέει από την πρώτη κιόλας στιγμή είναι

1. **Ότι είσαι γρήγορος.** Κανείς δεν θέλει να χάσει τον χρόνο του με κάποιον που είναι αργός και δεν καταλαβαίνει πολλά.

2. **Ότι είσαι ενθουσιώδεις.** Κανείς δεν θέλεις να περάσει έστω και ένα λεπτό, ειδικά στην σημερινή κρίση, με κάποιον που είναι αρνητικός και μίζερος.

3. **Ότι είσαι επαγγελματίας.** Ότι ξέρεις τι λες, τι πρέπει να κάνεις και θα μου λύσεις το πρόβλημα.

Πως εκπέμπουμε την εσωτερική μας κατάσταση.

Ο Paul Ekman είναι επιστήμονας και τεχνικός σύμβουλος της σειράς Lie to me. Είναι επίσης συγγραφέας πολλών βιβλίων που ασχολούνται με τα συναισθήματα και πως αυτά αποτυπώνονται στο πρόσωπό μας. Έχει δουλέψει με την CIA το FBI και άλλες πολλές οργανώσεις γιατί έχει ανακαλύψει ότι υπάρχουν 10000 μικροκινήσεις του προσώπου εκ των οποίων οι 3000 είναι συνδεδεμένες με κάποιο συναίσθημα.

Επίσης έχει ανακαλύψει ότι **ο αυτόματος μηχανισμός που έχουμε όλοι σαν άνθρωποι στέλνει συνεχώς σήματα για το τί αισθανόμαστε και τις προθέσεις μας.** Μπορεί ο απέναντι να μην το επεξεργάζεται συνειδητά αλλά το «νοιώθει» όταν η πρόθεσή μας είναι λάθος.

Επίσης πέρα από αυτό που εκφράζουμε στο πρόσωπό μας υπάρχει και αυτό που βγαίνει από την φωνή μας. Ο καθηγητής Ekman λέει πως αν και η φωνητική μας

44

επικοινωνία έχει κάποιες πιθανότητες ελέγχου εν τούτις είναι πολύ λίγες. Αυτό λέγεται **Παραγλωσσική επικοινωνία.**

Τώρα, αναφορικά με τις μικροεκφράσεις το προσώπου.

Είναι αδύνατο να τις ελέγξεις. Τότε λοιπόν πως μπορείς να κάνεις τον απέναντι από τα πρώτα 3 δευτερόλεπτα σε εμπιστευτεί και να είναι θετικός απέναντί σου;

Θα πρέπει να αποκτήσεις την κατάλληλη νοοτροπία και πρόθεση (ότι δηλαδή θέλεις πραγματικά να τον υπηρετήσεις και όχι να τον εκμεταλλευτείς) έτσι ώστε να εκπέμπεις το σωστό μήνυμα. Έτσι:

- Το σώμα σου θα έχει τις σωστές μικροεκφράσεις.

- Με λίγη δουλειά θα ακολουθήσει και η τονικότητα της φωνής.

- Θα εκπέμπεις την σωστή πρόθεση που χτίζει εμπιστοσύνη.

Και έτσι θα δείξεις τα 3 πράγματα (ότι είσαι γρήγορος, ότι είσαι ενθουσιώδεις, ότι είσαι επαγγελματίας) σε 3 δευτερόλεπτα.

Κεφάλαιο 6.

Είπαμε βέβαια ότι μεγάλο ρόλο επίσης παίζει και το ντύσιμο, η εμφάνιση.

Θα τον εμπιστευόσασταν;;;

Ο επαγγελματισμός στην πώληση.

Εμφάνιση. Φυσικά και είναι σημαντική. Όσο και αν θέλουμε να πιστεύουμε ότι ο απέναντι θα μας κρίνει από την καταπληκτική προσωπικότητά μας, πρέπει να δεχτούμε το γεγονός ότι δεν το κάνει. Τα ρούχα μας καλύπτουν το 95% του σώματός μας και στα πρώτα δευτερόλεπτα μιας συνάντησης είναι πολύ σημαντικά. Προσοχή όμως γιατί ειδικά στις μεγάλες πωλήσεις το ντύσιμο καταλήγει να είναι λεπτομέρεια εάν δεν συνοδεύεται από τις υπόλοιπες δεξιότητες.

Όλοι θέλουμε να πιστεύουμε ότι είμαστε ξεχωριστοί και ότι θα μας εκτιμήσουν για την προσωπικότητά μας. Και έτσι θα έπρεπε να είναι. Δεν είναι όμως! Μας κρίνουν, καταρχάς, από την εξωτερική μας εμφάνιση. Και ειδικά στο επάγγελμα που ακολουθείτε ή θέλετε να ακολουθήσετε το πως θα μας κρίνουν στα πρώτα λεπτά καθορίζει και το πόσο επιτυχημένοι θα είμαστε.

Όταν μπαίνεις σε ένα κατάστημα ή πας σε μία συνάντηση για πρώτη φορά δεν έχεις πολύ χρόνο για να κάνεις τον απέναντι να σε συμπαθήσει αρκετά ώστε να αρχίσει να σε ακούει πραγματικά. Το ντύσιμο και η περιποίηση πρέπει να είναι πάντα προς όφελός μας. Και σας το λέει αυτό κάποιος που ούτε στον γάμο του δεν φόρεσε γραβάτα. Η ζωή είναι μεγάλος σκηνοθέτης με περίεργο χιούμορ.

Πρέπει όμως, και αυτό να κάνουμε, και να έχουμε το κατάλληλο κούρεμα, και να προσέχουμε τις οσμές, και να

47

έχουμε περιποιημένα χέρια, και φυσικά το αυτοκίνητό μας και το υλικό μας να είναι καθαρό και περιποιημένο.

Βλέπετε ο κόσμος κάνει την σύνδεση «Εάν συμπεριφέρεται στον εαυτό του και τα πράγματά του έτσι σκέψου τι θα κάνει με εμένα.»

Για να το θέσω και διαφορετικά. Στα παιδιά μου μαθαίνω ότι δεν πρέπει να κρίνουν κάποιον από την εμφάνιση (ξέρω ότι θα το κάνουν) αλλά αυτά να ντύνονται πάντα σωστά.

Είναι πολύ λίγες οι περιπτώσεις που δεν χρειάζεται να είσαι με το κουστούμι πουλώντας κάτι και τότε είναι ακόμα πιο δύσκολο να δείχνεις επαγγελματισμό γιατί πρέπει να το κάνεις με καθημερινά ρούχα. Ξαναλέω όμως ότι το ντύσιμο χωρίς τις υπόλοιπες ποιότητες δεν είναι τίποτα.

Ομιλία. Το ίδιο ακριβώς με το παραπάνω. Δεν παίζει ρόλο μόνο τί λέμε αλλά και πως το λέμε. Θα πρέπει να μιλάμε με τον κάθε ένα απέναντί μας με τον τρόπο που μπορεί να καταλάβει καλύτερα. Δεν μπορεί να σου μιλάει ο απέναντι χαλαρά και ανεπίσημα και εσύ να επιμένεις να κρατάς αποστάσεις. Πολύ σύντομα θα χάσεις την επαφή. Δείτε πίσω στις 4 προσωπικότητες που αναλύσαμε.

Δεν μιλάμε για πολιτική, δεν μιλάμε για θρησκεία.
Τα πράγματα στραβώνουν γρήγορα με αυτά τα θέματα. Επίσης *ΔΕΝ ΔΙΑΚΟΠΤΟΥΜΕ ΚΑΙ ΑΚΟΥΜΕ ΠΕΡΙΣΣΟΤΕΡΟ ΑΠΟ ΟΣΟ ΜΙΛΑΜΕ.*

Δεν συμπεριφερόμαστε αφερέγγυα! Ένα πολύ καλό παράδειγμα για αυτό είναι όταν πήγα σε ένα χωριό κοντά στην Θεσσαλονίκη να μιλήσω σε μερικούς ενδιαφερόμενους για μια σημαντική υπηρεσία. Πηγαίνω σε 2 καταστήματα, το ένα ήταν ένα λογιστικό γραφείο στην μία άκρη του χωριού, το άλλο ένα κατάστημα με ηλεκτρονικά στην άλλη. Το κατάστημα με τα ηλεκτρονικά έδειξε περισσότερο ενδιαφέρον και κλείσαμε ραντεβού την ερχόμενη βδομάδα να προχωρήσουμε την διαδικασία. Όταν πήγα την μέρα του ραντεβού με ρώτησε «Πήγες και σε κάποιον άλλο εδώ στο χωριό;» «Ναι, απάντησα, πήγα στο λογιστικό γραφείο στην άλλη άκρη.» «Ά, ναι το ξέρω, μου είπε, είναι η ξαδέρφη μου και τα είπαμε το Σαββατοκύριακο.»!

Εάν του έλεγα κάτι διαφορετικό θα είχε χαλάσει η συμφωνία γιατί θα εμφανιζόμουν αφερέγγυος! Ο κόσμος, ξαναλέω, είναι μικρός.

Ζητάμε την άδεια ως ένδειξη σεβασμού. Όταν πρέπει να περάσουμε στον προσωπικό χώρο του συνεργάτη (π.χ. πίσω από τον πάγκο) ζητάμε την άδεια. Επίσης εάν

49

θέλουμε να κρατήσουμε σημειώσεις για την συζήτηση ζητάμε την άδεια για να δείξουμε ότι κατανοούμε την έννοια ευαίσθητα δεδομένα. **Δεν διαφωνούμε με τον πελάτη!** Δεν υπάρχει κανένας λόγος να διαφωνήσεις με τον πελάτη. Ακόμα και δίκιο να έχεις σίγουρα θα πρέπει να μην αντιπαρατεθείς. Να θυμάσai ότι η νοοτροπία του θα είναι πάντα 'Το λέω εγώ...νόμος. Το λέει ο πωλητής...ψέμα.' Αυτό θα έπρεπε κανονικά να είναι ένα βιβλίο από μόνο του. Δεν διαφωνούμε με τον πελάτη. Όταν είμαι μπροστά σε πωλητές που μπαίνουν σε αντιπαράθεση με τον πελάτη και μαλώνουν μαζί του, μου έρχεται να τους επιτεθώ (συνήθως δεν το κάνω) γιατί δεν μπορώ να καταλάβω την λογική του να επιβληθείς σε έναν πελάτη με μόνο αποτέλεσμα να μην κάνεις την πώληση. Τι θα γίνει τέλος του μήνα, θα ταΐσεις λεκτικές νίκες την οικογένειά σου;

Καταχωρούμε τις πληροφορίες. Ακόμα και αν η εταιρία μας δεν έχει CRM κάνουμε μόνοι μας καρτέλα πελάτη και καταχωρούμε οποιαδήποτε νέα πληροφορία για αυτόν. Την διαβάζουμε λίγο πριν το ραντεβού μας και του δείχνουμε ότι θυμόμαστε ότι μας είπε, ακόμα και εάν δεν ήταν σημαντικό εκείνη την ώρα.

Πρέπει να καταλάβουμε τι σημαίνει διαχρονικά αξία πελάτη. Εάν ένας πελάτης μου κάνει τζίρο 20€ την
50

βδομάδα, επί 50 βδομάδες είναι 1000€ σε 10 χρόνια είναι 10000€. Του συμπεριφερόμαστε σαν πελάτη των 10000€ ή σαν πελάτη του 20€;

Πάμε τώρα να δούμε μερικά πράγματα για το μεγαλύτερο όπλο αλλά και εμπόδιο στις πωλήσεις.

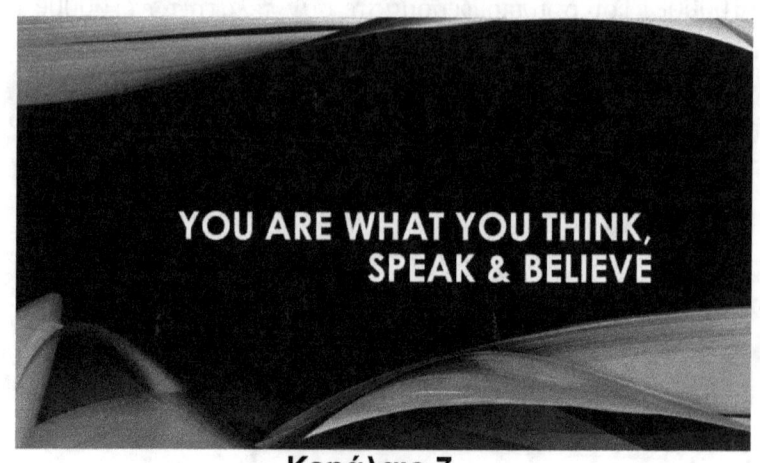

YOU ARE WHAT YOU THINK,
SPEAK & BELIEVE

Κεφάλαιο 7.

Η ψυχολογία στην πώληση

Το μυαλό μας είναι το μοναδικό μας μέσο για να καταλάβουμε τον κόσμο. Κάποιοι λένε ακόμα ότι είναι και το όργανο που παράγει την πραγματικότητά μας. Και όμως εμείς το φορτώνουμε με αρνητικές σκέψεις και ερεθίσματα και μετά περιμένουμε θετικά αποτελέσματα. Είναι λίγο σαν αυτό που έλεγε ο Jim Rohn «Οι κακές σκέψεις με την προσδοκία καλών αποτελεσμάτων είναι σαν να προσπαθείς να φτιάξεις κέικ με τσιμέντο. Το αποτέλεσμα δεν θα είναι καλό.»

Μην ξεκινάς την μέρα σου με κακές ειδήσεις και διάφορα τέτοια αλλά με κάτι που θα σε ανεβάσει και τους στόχους σου, το Γιατί σου. Έτσι θα βγεις έξω επιτυχημένος. Μια από τις διαδικασίες που πρέπει να κάνεις πλέον από εδώ και πέρα είναι να βάζεις σε καραντίνα τους αρνητικούς ανθρώπους. Ξεκινώντας από τους συναδέλφους, που σε κάθε ευκαιρία θα αρχίσουν να μιλάνε για την πεσμένη αγορά, την κρίση και άλλα τέτοια. Φύγε από κοντά τους! Βρίσκουν δικαιολογίες για τις δικές τους αποτυχίες και για την τεμπελιά με την οποία αντιμετωπίζουν το επάγγελμά τους.

Είσαι το αποτέλεσμα του μέσου όρου των 5 ανθρώπων που συναναστρέφεσαι περισσότερο.

Jim Rohn

Μετά είναι η οικογένεια. Εκεί είναι που είναι και το δύσκολο κομμάτι γιατί ξέρεις ότι αυτοί είναι άνθρωποι που σε αγαπάνε και τους αγαπάς και εσύ. Όταν όμως νοιώσεις ότι το μόνο που κάνουν είναι να ξεφορτώνουν τα δικά τους προβλήματα και αμφιβολίες πάνω σου είναι η ώρα της καραντίνας. Σκέψου το έτσι, έρχεται ένας σπίτι σας μια μέρα και πετάει μέσα στο σαλόνι σας μια σακούλα με τα

53

σκουπίδια του, τι θα έκανες; Δεν θα του έλεγες να σταματήσει;

Και όμως αφήνουμε αυτούς τους ανθρώπους να πετάνε τα διανοητικά σκουπίδια τους στο μυαλό μας! Η οικογένειά μας πρέπει να είναι στην ίδια σελίδα με εμάς. Καθίστε κάτω τον σύντροφό σας και μιλήστε του για αυτό. Εάν δεν δείτε ανταπόκριση λυπάμαι αλλά οι λύσεις είναι 2.

1. Να το πάρεις απόφαση ότι αυτήν την στιγμή ο σύντροφός σου είναι όχι σε άλλη σελίδα αλλά σε άλλη βιβλιοθήκη και να ξαναπροσπαθήσεις αργότερα. Έτσι θα ηρεμήσεις και δεν θα σε επηρεάζει.

2. Να αλλάξεις σύντροφο. Η ζωή είναι μία και μερικές φορές δεν πρέπει να αφήνεις κάποια λάθος επιλογή να σου στερήσει όλα όσα ονειρεύεσαι. (δεν το προτείνω και δεν επιβραβεύω τους χωρισμούς).

Μην σταματάς όταν πουλήσεις σε κάποιον. Όταν εκπαιδευόμουν σε μια μεγάλη εταιρία στην οποία ξεκινούσα ως πωλητής είχα βγει με έναν παλαιότερο για να μου δείξει κάποια πράγματα. Εκείνη την ημέρα ο πωλητής αυτός έκανε μια πώληση. Μόλις βγήκαμε από το μαγαζί που είχε κλείσει την συνεργασία πήγαμε στην καφετέρια παρακάτω και καθίσαμε. Όταν τον ρώτησα γιατί καθίσαμε για καφέ μου απάντησε ότι αυτή η πώληση ήταν το 1/3 της μηνιαίας παραγωγής και ότι κερδίσαμε έναν καφέ. Έμεινα αποσβολωμένος! Για μένα ήταν η καλύτερη στιγμή για να συνεχίσεις να είσαι έξω και να μιλάς με πελάτες! Ήταν η στιγμή που ένιωθες καλά, είχες αυτοπεποίθηση και θετικότητα! Και όμως όλα αυτά χαθήκαν σε έναν φτηνό καφέ χωρίς νόημα... Μην σταματάς να πουλάς όταν έχεις μια επιτυχία. Είναι ίσως η μεγαλύτερη παγίδα στην επιτυχία στις πωλήσεις και το αναλύουμε διεξοδικά παρακάτω!

Να έχεις ξεκάθαρους στόχους. Το Γιατί σου είναι πιο σημαντικό από οτιδήποτε άλλο. Πολλά περισσότερα σχετικά με την στοχοποίηση του εαυτού μας μπορείς να ακούσεις στο σεμινάριο που κάνουμε «Μπορείς περισσότερα!» όπου αναλύουμε ακόμα περισσότερο και τον τρόπο για προσωπική στοχοποίηση αλλά και τρόπους ανάπτυξης σωστής ψυχολογίας. Πληροφορίες για όλα μας τα σεμινάρια μπορείς να βρεις στο **www.Bizman.gr**

Θα γράψω εδώ όμως το εξής. Εάν συμφωνείς μαζί μου ότι οι στόχοι σου είναι ότι πολυτιμότερο στην ζωή, για να

55

προχωρήσεις και να κάνεις τα όνειρά σου πραγματικότητα, έχω να σου κάνω 2 πολύ απλές ερωτήσεις:

1. **Γιατί δουλεύεις πάνω στους στόχους σου τόσο λίγο;** Οι περισσότεροι άνθρωποι τους δημιουργούν κατά την πρωτοχρονιά και τους αφήνουν έτσι έως την επόμενη πρωτοχρονιά. Το κάνουν μόνο σαν έθιμο, και χωρίς καμία ουσία. Μιλάμε όμως για το σημαντικότερο πράγμα στην ζωή σου! Κάθε μέρα. Αυτός είναι ο χρόνος για να βλέπεις, να διορθώνεις, να ξαναγράφεις τους στόχους σου. Κάθε μέρα. Κάνε το για 2 μήνες και εάν δεν είσαι σε καλύτερη πορεία για να τους πετύχεις επικοινώνησε μαζί μου στο info@bizman.gr για να μου πεις ότι έχω άδικο.

2. **Είναι στόχοι ή ευχές;** Ποια είναι η διαφορά; Στους στόχους έχεις ξεκάθαρο το τελικό αποτέλεσμα και έχεις καθορίσει τα επόμενα βήματα που χρειάζονται να γίνουν για να τους πετύχεις. Στις ευχές όχι. Ξαναδές λοιπόν και απάντησε στον εαυτό σου «Είναι στόχοι ή ευχές;»

Πρέπει επίσης να λύσουμε τις εσωτερικές μας συγκρούσεις. Δεν μπορεί να θέλεις να πετύχεις τους στόχους σου και να κοιμάσαι μέχρι το μεσημέρι. Δεν μπορεί να θέλεις να γίνεις καλός στην πώληση αλλά να φοβάσαι την απόρριψη και να μην κάνεις επισκέψεις, αυτά είναι συγκρούσεις που πρέπει να λυθούν.

Δεν μπορεί να θέλεις να βελτιώσεις την απόδοση σου στις πωλήσεις και να μην μετράς πόσες επισκέψεις κάνεις, πόσες παρουσιάσεις κάνεις, πόσες συμφωνίες κλείνεις και ότι άλλο χρειάζεται και να περιμένεις να βελτιωθείς χωρίς να ξέρεις που υστερείς! Πρέπει να κάνεις συνήθεια πρώτα εσύ να μετράς την απόδοσή σου και όχι να περιμένεις να έρθει η αξιολόγηση τριμήνου για να γίνει από τον υπεύθυνό σου. Μέχρι τότε μπορεί να είναι ήδη αργά...

Όλα αυτά είναι αυτό που λέμε η τέχνη του να διαπρέψεις στο βαρετό. Δηλαδή να κάνεις τα απλά καθημερινά πράγματα που θα σε φέρουν πιο κοντά στην επιτυχία μέρος της καθημερινής σου ιεροτελεστίας.

Και θα το ξαναπώ για να το σημειώσεις.

Να κάνεις τα απλά καθημερινά πράγματα που θα σε φέρουν πιο κοντά στην επιτυχία μέρος της καθημερινής σου ιεροτελεστίας.

Και χρησιμοποιώ αυτήν την λέξη, την ιεροτελεστία, γιατί μόνο εάν αντιμετωπίσεις τις καλές συνήθειες με αυτόν τον τρόπο κάνουν την διαφορά. π.χ. να βουρτσίζεις κάθε μέρα τα δόντια σου. Δεν μπορείς κάποια στιγμή να πεις ότι αρκετά το έκανα αυτό, μπορώ πλέον να σταματήσω. Πολύ σύντομα θα το γυρίσεις στην σούπα γιατί δεν θα έχεις δόντια.

Ένα υπέροχο βιβλίο σχετικά με την δύναμη που έχουν οι συνήθειες στην ζωή μας είναι το Compound Effect του Darren Hardy το οποίο το προτείνω ανεπιφύλακτα.

Κεφάλαιο 8.

Το βιβλίο αυτό περιέχει πολλές εμπειρίες και **Μαθήματα από τα χαρακώματα.** Θα δούμε τώρα κάποια πράγματα που ξεκινώντας στο επάγγελμα του πωλητή θα πρέπει να γνωρίζετε και να αποδεχτείτε. Σημείωσε λοιπόν.

Είμαστε σχεδόν πάντα αναλώσιμοι. Δεν είναι ασυνήθιστο για τις εταιρίες να αφήνουν έναν καλό πωλητή για έναν απλό παραγγελιοδόχο μόλις ο πρώτος χτίσει ένα αξιοπρεπές δίκτυο πελατών. Ο παρακάτω νόμος του επιχειρείν το θέτει αρκετά καλά...

Τα οικονομικά αποτελέσματα θα είναι ανάλογα με την προσφορά μας – τον βαθμό που τα καταφέρνουμε και την δυσκολία που υπάρχει στην αντικατάστασή μας.

Δεν έχει να κάνει με την εταιρία. Η καλύτερη να είναι. Η οικονομική πραγματικότητα πλέον σπάνια επιτρέπει κάποιον στο επάγγελμά μας να δουλέψει για μια εταιρία για 40 χρόνια και να πάρει σύνταξη από εκεί.

Άλλα μας λέει η εταιρία μας και άλλα κάνει. Είναι σχεδόν σίγουρο ότι κάποια φορά θα μας πει η εταιρία που αντιπροσωπεύουμε ότι μπορεί να κάνει κάτι και μετά θα μας κρεμάσει απέναντι στον πελάτη. Προσπαθήστε να επιβεβαιώνετε πάντα όσο καλύτερα μπορείτε πριν να υποσχεθείτε τίποτα. Στις περισσότερες εταιρίες ο πωλητής αντιμετωπίζεται σαν εχθρός από τα υπόλοιπα τμήματά της. Τις περισσότερες φορές όχι άδικα γιατί ο επαγγελματισμός είναι σπάνιο φαινόμενο ανάμεσα στους συναδέλφους μας. Πρέπει όμως ο πωλητής να λειτουργεί ως συνδετικός κρίκος ανάμεσα στον πελάτη και την εταιρία, και όχι ως κυματοθραύστης και για τους δύο.

Καθορισμός προτεραιοτήτων από τους υπεύθυνούς μας.

Εάν η δουλειά μας κρίνεται από τις πωλήσεις αλλά η εταιρία μας, μας βάζει να κάνουμε ένα κάρο πράγματα τότε θα πρέπει να ξεκαθαρίσουμε με την εταιρία ποιες είναι οι προτεραιότητές μας και ότι δεν θα κριθούμε μόνο με βάση τα αποτελέσματα αφού κάνουμε και άλλα πράγματα. Φυσικά, το παραπάνω είναι λίγο ανώφελο. Πλέον στην σημερινή οικονομία ο πωλητής λίγο αυτό που ο πατέρας μου έλεγε «παιδί για όλες τις δουλειές». Τουλάχιστον όμως ξεκαθαρίστε στον υπεύθυνο όταν σας αναθέτει κάτι ακόμα να κάνετε, να σας πει και τι από αυτά που ήδη κάνετε να αφήσετε πίσω.

Λίστες πελατών και χαμένων πελατών και πως να τις εκμεταλλευτούμε. Επειδή ένας πελάτης σταμάτησε από μια εταιρία δεν σημαίνει ότι δεν μπορεί να ξανασυνεργαστεί. Τις περισσότερες φορές φταίει ο προηγούμενος συνάδελφος και η έλλειψη επαγγελματισμού που επέδειξε.

Πάρτε λοιπόν στα χέρια σας τις λίστες με τους χαμένους πελάτες και περάστε να τους δείτε. Μιλήστε μαζί τους και ακούστε τα παράπονά τους. Είναι σίγουρο ότι δεν θα χάσετε.

61

Δεν πουλάμε από το τηλέφωνο. Το τηλέφωνο το χρησιμοποιείς μόνο για να κλείνεις ραντεβού, όχι για να πουλάς (εκτός και αν μιλάμε για telemarketing). Μια μέρα ήμασταν στην θάλασσα με την γυναίκα μου και τα παιδιά μου. Η κόρη μου φώναξε την μαμά της να παίξει μαζί της στην άμμο. Όχι όμως να παίξει...μόνο να πάει να δει τι φτιάξανε. Τι λέτε να έγινε μετά από λίγο που πήγε η γυναίκα μου εκεί; Φυσικά καθόταν και έπαιζε μαζί τους στην άμμο. Αυτό για μένα είναι ένα ιδανικό παράδειγμα από τους καλύτερους πωλητές αυτού του κόσμου, τα παιδιά.

Δεν πουλάς από το τηλέφωνο. Στην αρχή μιας κλήσης 'πουλάς' το ίδιο το τηλεφώνημα. Μετά πουλάς την 10λεπτη συνάντηση για περαιτέρω συζήτηση. Εδώ είναι που αποκτάει νόημα η γνωστή φράση από ταινία «Always Be Closing» όχι όμως για να κλείνεις πάντα με όποιον μιλάς αλλά για το ότι διαρκώς πουλάς, προσπαθώντας να κλείσεις το επόμενο ραντεβού, την επόμενη ενέργεια που πρέπει να γίνει για να προχωρήσει η συμφωνία μπροστά κλπ.

Χρησιμοποιείς την κατάλληλη φράση στον κατάλληλο άνθρωπο. Εάν π.χ. θέλω να κάνω ένα σεμινάριο πωλήσεων σε μια εταιρία και έχω σαν επαφή τον διευθυντή πωλήσεων δεν θα του μιλήσω για αύξηση κερδών και αύξηση τζίρου. Είναι κάτι που δεν τον ενδιαφέρει. Θα μιλούσα έτσι εάν μιλούσα στον ιδιοκτήτη της επιχείρησης. Στον διευθυντή πωλήσεων θα μιλούσα για επίτευξη στόχων πωλήσεων και καλύτερη οργάνωση ομάδας με ευκολότερο έλεγχο. Χρησιμοποιείς λοιπόν την κατάλληλη φράση στον κατάλληλο άνθρωπο.

Μιλάς πάντα με σεβασμό σε όλους. Βλέπω κάποιες φορές οι πωλητές να αγνοούν επιδεικτικά τους υπόλοιπους σε μια εταιρία εκτός από αυτόν που θα πάρει την απόφαση για να αγοράσει. Αυτό είναι πολύ μεγάλο λάθος. Ποτέ δεν ξέρεις με ποιον πρέπει να είσαι σωστός και να τον έχεις με το μέρος σου.

Μεγάλο παράδειγμα η γραμματεία. Για να περάσεις από την γραμματέα (στην οποία πάντα μιλάς με πολύ σεβασμό όπως σε κάθε άλλον συνεργάτη) μπορείς να αναφέρεις άμεσα το όνομα του ανθρώπου που θέλεις να μιλήσεις πχ. 'Καλησπέρα, τον κ.Παπαδόπουλο παρακαλώ.' Εάν σας ρωτήσει για ποιον λόγο τον χρειάζεστε δεν χρειάζεται να κάνετε παρουσίαση δια τηλεφώνου. Μπορείτε απλά να πείτε κάτι σαν 'Έχει να κάνει με την αύξηση των πωλήσεων της εταιρίας το επόμενο εξάμηνο, είστε υπεύθυνη για κάτι τέτοιο εσείς;' Πάντα με σεβασμό αλλά και με σκοπό να βρεις αυτόν που πρέπει.

63

Δεν αφήνουμε ποτέ ενημερωτικό υλικό στην γραμματεία. Είναι σχεδόν σίγουρο ότι θα πάει χαμένο. Προσπαθούμε να κλείσουμε ραντεβού έτσι ώστε να το παραδώσουμε οι ίδιοι σε αυτόν που μπορεί να πάρει την απόφαση.

Δεν περιμένουμε να μας πάρουν τηλέφωνο αλλά λέμε ότι θα ξαναεπικοινωνήσουμε εμείς. Μαζί με την έκλειψη ηλίου ένα από τα σπανιότερα φαινόμενα είναι να σε πάρει τηλέφωνο ο πελάτης πρώτος γιατί θέλει να συζητήσετε την πρόταση που του έκανες. Και όμως βλέπω τόσες συναντήσεις να τελειώνουν με το «Θα το σκεφτώ και θα σε πάρω τηλέφωνο.» του πελάτη και ο πωλητής να πέφτει αμαχητί...

Σε νέους πωλητές επίσης είναι πολύ σημαντικό να γνωρίζουν γιατί αγοράζουν οι πελάτες το προϊόν ή την υπηρεσία μας. Ο καλύτερος τρόπος για να το μάθετε αυτό είναι απλά να ρωτήσετε έναν υφιστάμενο πελάτη γιατί αγόρασε. Πολλές φορές οι απαντήσεις θα σας ξαφνιάσουν. Είναι τελείως διαφορετικές από τον τρόπο με τον οποίο πουλάτε εσείς το προϊόν ή την υπηρεσία σας και μπορεί να σας δείξουν τον σωστό τρόπο προώθησης.

Μέχρι τώρα αναφέραμε συμβουλές και όχι μεθόδους. Πάμε να δούμε...

Κεφάλαιο 9.

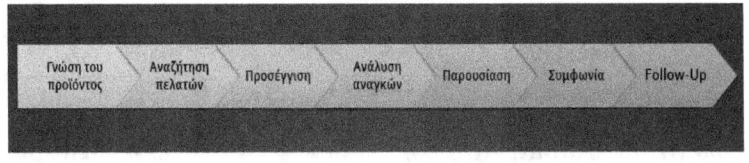

Τα 7 βήματα της πώλησης

Κάτι το οποίο πρέπει επίσης να είναι αυτόματη γνώση στην ζωή ενός πωλητή είναι τα 7 βήματα της πώλησης. Αυτά είναι μια διαδικασία που δεν αλλάζει με όποιον πελάτη και να έχει να κάνει ο πωλητής.

Στην αρχή θα πρέπει να είναι μια τεκμηριωμένη διαδικασία η οποία θα πρέπει να αποτελείται από τα βασικά 7 βήματα και όλα τα επιμέρους σε κάθε στάδιο έτσι ώστε να ακολουθούνται από όλους τους πωλητές μια εταιρίας, από την αποθήκη για την διεκπεραίωση της παραγγελίας, από το μάρκετινγκ για την προσέγγιση των ενδιαφερομένων κλπ.

Αυτή η ολοκληρωμένη, δομημένη διαδικασία πώλησης (sales process) είναι επίσης απαραίτητη για την εύκολη εισαγωγή νέων μελών στην εταιρία όπου πλέον ο πωλητής ή όποιος άλλος έρθει σε μια θέση έχει στα χέρια του την

65

ολοκληρωμένη διαδικασία και τα κομμάτια που είναι στην ευθύνη του.

Εάν είσαι στις πωλήσεις και δεν ξέρεις σε ποιο στάδιο της πώλησης είσαι με κάποιον πελάτη, ή δεν γνωρίζεις ότι υπάρχουν στάδια, τότε πολύ πιθανόν τα αποτελέσματά σου να έρχονται στην τύχη. Αυτό είναι το χειρότερο που μπορεί να συμβαίνει σε έναν πωλητή. **Μην αφήνεις τα αποτελέσματά σου στην τύχη.**

Στα επόμενα κεφάλαια θα αναλύσουμε ένα-ένα τα βήματα της πώλησης αλλά για μια πιο ολοκληρωμένη διαδικασία πώλησης η οποία θα είναι φτιαγμένη για εσάς, το προϊόν σας και την εταιρία σας θα πρέπει να επικοινωνήσετε μαζί μας.

Κεφάλαιο 10.

Γνώση του προϊόντος. Το αναφέραμε και παραπάνω στους 6 κυλίνδρους. Πρέπει όμως να προσέχουμε ότι γνώση του προϊόντος δεν σημαίνει ότι πρέπει να φλομώσουμε τον πελάτη μας με τεχνικές λεπτομέρειες αλλά σημαίνει ότι μπορούμε να δώσουμε στον πελάτη να καταλάβει με ποιον τρόπο θα ωφεληθεί από την συνεργασία με μας.

Πρέπει να θυμόμαστε ότι ο κόσμος δεν θυμάται το 30% μιας παρουσίασης μετά από 24 ώρες και το 75% μετά από 3 μέρες.

Ο πελάτης θα κερδίσει αξία από εμάς εάν γνωρίζουμε ποια είναι τα οφέλη του προϊόντος μας. Να θυμάστε ότι δεν πουλάτε χαρακτηριστικά, πουλάτε οφέλη. Και για να εξηγήσουμε τι είναι και τα δύο θα πω το κλασικό παράδειγμα.

Πουλώντας π.χ ένα αυτοκίνητο σε κάποιον οικογενειάρχη που δεν ενδιαφέρεται για τις επιδόσεις, εάν αρχίσεις να μιλάς για χαρακτηριστικά είναι σχεδόν βέβαιο ότι θα δυσκολευτείς. Λέγοντας π.χ. ότι το αυτοκίνητο έχει 150 άλογα και ESP δεν σημαίνει τίποτα για τον πελάτη. Μιλώντας όμως για οφέλη θα έχεις μεγαλύτερη επιτυχία. Μπορείς π.χ. να πεις ότι το αυτοκίνητο έχει 150 άλογα και ESP πράγμα το οποίο σημαίνει για εσάς ότι θα μπορείτε να κάνετε με ασφάλεια για την οικογένειά σας μια προσπέραση όταν χρειαστεί.

Αυτή είναι η διαφορά του να μιλάς για χαρακτηριστικά και οφέλη. Και για να το κάνεις αυτό χρειάζεται να έχεις την απαραίτητη γνώση του προϊόντος. Θα εκπλαγείς εάν ρωτήσεις μερικούς πωλητές σχετικά με τα προϊόντα τους.

Δεν πρέπει να ακούσουμε από τον πελάτη την έκφραση «Ε, και;;». Πρέπει να ακούσουμε το «Πες μου και άλλα…» Ο λόγος λοιπόν της καλής γνώσης του προϊόντος είναι για να μπορέσεις να μεταφέρεις την κατάλληλη αίσθηση στον
68

πελάτη κατανοώντας πόσο μπορεί το προϊόν ή η υπηρεσία σου να τον βοηθήσει.

Κεφάλαιο 11.

Αναζήτηση πελατών. Και αυτό μπορεί να φαίνεται απλό αλλά κάθε άλλο παρά κάτι τέτοιο είναι. Πολλές φορές θα βρεθείτε να μιλάτε στον λάθος άνθρωπο, και να χάνετε λοιπόν χρόνο, απλά και μόνο επειδή δεν κάνατε τις ερωτήσεις που θα σας κατατόπιζαν σχετικά με την αγοραστική του ικανότητα. Π.χ. «Είστε εσείς ο υπεύθυνος για τέτοιου είδους αγορές;» Εδώ μπορεί να βοηθήσει αρκετά το μάρκετινγκ της εταιρίας παρέχοντας μέσα από την χρήση των buyer personas πληροφορίες σχετικά με τον ιδανικό υποψήφιο αγοραστή σας. Μην περιμένετε βέβαια οι εταιρίες να το κάνουν αυτό. Έχετε περισσότερες πιθανότητες εάν μιλήσετε σε κάποιον παλαιότερο συνάδελφο ή σε κάποιον γνώστη της αγοράς.

Πριν από αρκετό καιρό βγάζαμε στην αγορά μια υπηρεσία για την προώθηση των χώρων διασκέδασης (καφετέριες, μπαρ, κλπ) και ένα από τα μεγαλύτερα προβλήματα που είχαμε στην αρχή ήταν ότι χάναμε πολύ χρόνο μιλώντας με «υπεύθυνους» που όμως δεν είχαν καμιά εξουσιοδότηση αγορών. Οπότε κάναμε όλη την διαδικασία της προσέγγισης, ανάλυσης αναγκών, παρουσίασης μόνο για να πέσουμε επάνω στο «Δεν μπορώ να αποφασίσω εγώ για κάτι τέτοιο.» Η απλή ερώτηση στην αρχή της προσέγγισης «Είστε εσείς υπεύθυνος για τις αγορές υπηρεσιών για το κατάστημα;» μας γλίτωσε πολύ χρόνο.

ΠΑΙΡΝΟΥΜΕ ΣΥΣΤΑΣΕΙΣ!!!! Εδώ θα ήθελα να σταθώ λίγο περισσότερο γιατί και στα δικά μου πρώτα βήματα κάποιος μου είπε «Να παίρνεις πάντα συστάσεις! Είναι πολύ σημαντικό» όμως δεν μου είπε ποτέ πως γίνεται αυτό και μετά τις πρώτες φορές που άκουσα να μου λένε ότι δεν θυμούνται κάποιον απογοητεύτηκα και εγώ και σταμάτησα να ρωτάω. Μήπως σας έχει συμβεί το ίδιο; Πως παίρνουμε λοιπόν συστάσεις;

71

Ο πρώτος λόγος που δεν μπορούν να θυμηθούν οι άνθρωποι που τους ζητάς συστάσεις είναι ότι έχουν όλον τον κόσμο να επιλέξουν. Και φυσικά μπλοκάρουν. Το πρώτο πράγμα που πρέπει να κάνουμε είναι να του φέρουμε στο μυαλό ένα οικείο μέρος. Ας πούμε ότι πουλάς υπηρεσίες μάρκετινγκ για επιχειρήσεις. Κάνε μόνος σου την αναγωγή για το προϊόν σου ή την υπηρεσία σου. Λές λοιπόν στον πελάτη σου: «Κύριε Παπαδόπουλε χαίρομαι πολύ που ξεκινήσαμε την συνεργασία μας. Να σας ρωτήσω κάτι; Κάνετε κάποια δραστηριότητα όπως γυμναστήριο ή κάποιον σύλλογο;

Ο κ.Παπαδόπουλος ας πούμε ότι πάει γυμναστήριο. Άαα πολύ ωραία. Εκεί στο γυμναστήριο κ.Παπαδόπουλε ακούσατε ποτέ κάποιον να λέει ότι θα ήθελε το μαγαζί του να έχει περισσότερες πωλήσεις ή να προωθήσει την επιχείρησή του;

'Να σου πω την αλήθεια συχνά μιλάω με τον κ.Αθανασόπουλο για τα προβλήματα που έχουμε όλοι μας με την κρίση κλπ.'. 'Μάλιστα, είναι μια δύσκολη εποχή. Κ.Παπαδόπουλε πιστεύετε ότι ο κ.Αθανασόπουλος θα ενδιαφερόταν να ακούσει πως μπορούμε να τον βοηθήσουμε με την επιχείρησή του όπως εσείς;' 'Δεν νομίζω να είχε πρόβλημα να ακούσει, ναι' 'Πολύ ωραία. Κ.Παπαδόπουλε μήπως έχετε στοιχεία επικοινωνίας με τον
72

κ.Αθανασόπουλο;' 'Ναι έχω το τηλ του.' 'Θα μπορούσατε να μου κάνετε μια χάρη; Θα μπορούσαμε να τον πάρουμε ένα τηλέφωνο για να κανονίσουμε να βρεθούμε από κοντά;' Εάν δεν θέλει να πάρει ο ίδιος τότε ζητάμε το τηλέφωνο και λέμε ότι θα αναφέρουμε το όνομα του για να ξέρει από που τον βρήκαμε. Και με αυτόν τον τρόπο, φέρνουμε τις συστάσεις πιο εύκολα στις επαφές μας.

Κάτι που είναι πολύ σημαντικό και για εμένα προσωπικά είναι ένας από του συνηθέστερους λόγους που αποτυγχάνουν πολλοί πωλητές είναι ότι δεν κάνουν αρκετή αναζήτηση για πιθανούς πελάτες. Πατάνε επάνω στην κατάσταση που επικρατεί στην χώρα, κλείνουν τους διακόπτες μόλις φύγουν από την δουλειά και δεν γνωρίζουν νέους πιθανούς πελάτες. Πάντα χαμογελάω από μέσα μου όταν κάποιος με τον οποίο βρέθηκα να μιλάω ξαφνικά για δουλειά σε κάποιο άσχετο μέρος δεν έχει να μου δώσει μια κάρτα του. Οι κάρτες κοστίζουν τίποτα και θα έπρεπε να υπάρχουν παντού σε έναν πωλητή. Αυτοκίνητο, θήκη κινητού, πορτοφόλι, τσάντες, παντού.

Επίσης, ειδικά εάν δεν είσαι υπάλληλος αλλά έχεις την δική σου επιχείρηση, δεν μπορώ να καταλάβω πως έχει πέσει ο κόσμος στην παγίδα να μην ψάχνει διαρκώς και

73

παντού πελάτες! Δεν μιλάω για να κάνεις πώληση όπου σταθείς και όπου βρεθείς, αλλά να έχεις πάντα στο μυαλό σου ότι κάθε μέρα συναντάς (και πρέπει να συναντάς) νέους και ενδιαφέροντες ανθρώπους που μπορεί να χρειάζονται τις υπηρεσίες σου!

Η συνεργασία του Μάρκετινγκ με τις πωλήσεις. Τα 2 τμήματα είναι εκ φύσεως δύσκολο να συνεργαστούν και πολλές φορές τα προβλήματα είναι πολύ μεγάλα.

Το τμήμα πωλήσεων, ως συνήθως θεωρεί ότι οι επαφές (leads) που έρχονται από κινήσεις μάρκετινγκ είναι πολύ κακές επαφές, ενώ το τμήμα μάρκετινγκ, ως συνήθως, θεωρεί ότι οι πωλήσεις δεν κάνουν αρκετά καλά την δουλειά τους και χάνουν τις επαφές.

Αυτό όμως που μπορεί να βοηθήσει μια εταιρία είναι ο συνδυασμός inbound marketing (δηλαδή ενεργειών που προσελκύουν ενδιαφερόμενους στην σελίδα της εταιρίας) με ένα πρόγραμμα σε συνεργασία με τα 2 τμήματα όπου έχει καθοριστεί καλά ποιος είναι ο ιδανικός υποψήφιος και πότε είναι ο σωστός χρόνος για να επικοινωνήσει μαζί του το τμήμα πωλήσεων.

Πλέον πολλές εταιρίες, έχοντας καθορίσει ποιο είναι το επιθυμητό μηνιαίο εισόδημα της εταιρίας και πόσες πωλήσεις χρειάζονται για να έρθει αυτό, θέτουν στο τμήμα μάρκετινγκ την ευθύνη της προσέλκυσης συγκεκριμμένου

74

αριθμού leads κάθε μήνα. Μετά το τμήμα μάρκετινγκ θέτει την ευθύνη της παραγωγής συγκεκριμένου τζίρου (με βάση τα νούμερα που έχει υπολογίσει η εταιρία) στο τμήμα πωλήσεων και έτσι και τα 2 τμήματα έχουν πλέον την ευθύνη και πρέπει να προχωράνε σωστά και σε συνεννόηση με συχνές συναντήσεις για να επανεξεταστούν οι κινήσεις που γίνονται, ο ιδανικός υποψήφιος πελάτης κλπ.

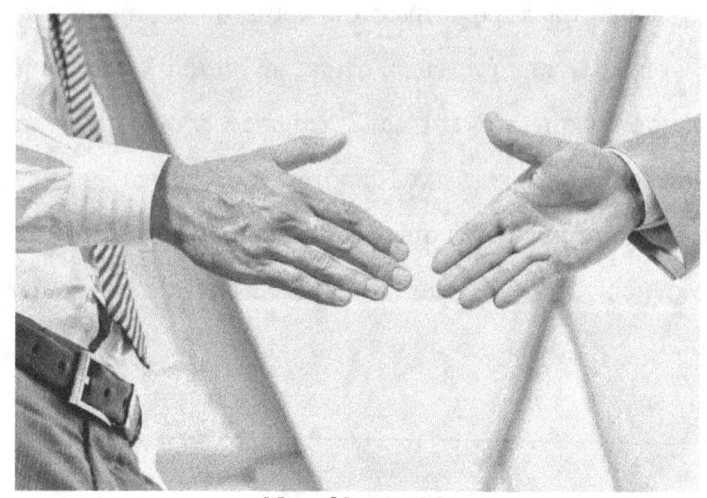

Κεφάλαιο 12.

Η προσέγγιση. Είτε λαμβάνοντας μια σύσταση, είτε από τις κινήσεις του τμήματος μάρκετινγκ, είτε από δικές μας ενέργειες έρχεται εκείνη η στιγμή που για πρώτη φορά θα πρέπει να συναντήσουμε έναν ενδιαφερόμενο.

Σε αυτό το σημείο καλό θα ήταν να ξαναδιαβάσετε το κεφάλαιο 3 πράγματα που πρέπει να δείξεις σε 3΄΄.

Έχοντας ήδη κάνει μια μικρή προεργασία από το παραπάνω βήμα είμαστε μπροστά στο σημαντικότερο, κατά την άποψή μου βήμα. Το πρώτο εκείνο τηλεφώνημα για να κλειστεί το ραντεβού ή η πρώτη εκείνη εμφάνιση στον χώρο του ενδιαφερόμενου. Στο τηλέφωνο θα πρέπει να μιλήσετε με τον άνθρωπο που πρέπει και να πείτε αυτό που πρέπει.

Π.χ. εάν μιλήσουμε με έναν ιδιοκτήτη επιχείρησης για ένα σύστημα επιβράβευσης των πελατών και του το πούμε έτσι, μάλλον τον χάσαμε από την αρχή. Εάν όμως καταλάβουμε τι θέλει και μπορέσουμε να του το μεταφέρουμε λέγοντας ότι «Μπορούμε να αυξήσουμε τον τζίρο του, τα κέρδη του, το πελατολόγιο του και την πιστότητα των πελατών του για αρχή με έναν πολύ απλό τρόπο», του προκαλούμε το ενδιαφέρον για να κανονίσουμε το ραντεβού. Η φρασεολογία μας και ο τρόπος που διατυπώνουμε τα οφέλη του προϊόντος μας είναι το παν.

Χειραψία, χαμόγελο, ευγένεια! Πολύς κόσμος θέλει να ζήσει από τις πωλήσεις και δεν μπαίνει στον κόπο να δουλέψει ούτε αυτά τα βασικά! Αν πρέπει να ξεκινήσεις από κάπου, ο τρόπος που μπαίνεις σε έναν χώρο είναι σίγουρα από τα πρώτα πράγματα που πρέπει να μάθεις.

Μπαίνοντας σε έναν χώρο για πρώτη φορά (και θεωρώντας ότι έχουμε κάνει τα παραπάνω αναφορικά με το ντύσιμο κλπ σωστά) πρέπει να έχουμε στο μυαλό μας τι θέλει να αγοράσει ο πελάτης, τι είναι αυτό που θα του καλυτερεύσει την κατάσταση και όχι τι θέλουμε να πουλήσουμε εμείς. Είναι πολύ σημαντικό να έχουμε κάνει

77

την απαραίτητη προεργασία για να βρούμε όσο περισσότερες πληροφορίες για τον υποψήφιο πελάτη και την καλύτερη λύση που μπορούμε να του προτείνουμε.

Έτσι λοιπόν η πρώτες μας φράσεις είναι πολύ σημαντικό να δείξουν στον πελάτη τα 3 πράγματα που έχουμε αναφέρει πιο πάνω, να δείξουν επίσης ότι έχουμε κάνει μια προετοιμασία για να μιλήσουμε μαζί του και να είναι ξεκάθαρες.

Μερικές συμβουλές που μπορώ να σας δώσω (ειδικά για την πώληση d2d) είναι:

Να έχεις στο μυαλό σου ότι μπορεί ακριβώς πριν από εσένα ο πελάτης να είχε κάποιο δυσάρεστο γεγονός και να το βγάλει επάνω σου. Μην παίρνεις την κακή διάθεση προσωπικά. Αντίθετα θα πρέπει να του την φτιάξεις εσύ.

Όπως αυτός μέσα σε 3΄΄ μπορεί να καταλάβει τις προθέσεις σου, έτσι μπορείς και εσύ. Χρησιμοποίησε το DiSC έτσι ώστε από νωρίς να καταλάβεις με ποιον τρόπο θα επικοινωνήσεις αποτελεσματικά μαζί του.

Προσπάθησε να μην πουλάς όρθιος. Κάθησε και κάνε μια καλή συζήτηση με τον πελάτη. Όταν είσαι όρθιος δίνεις την αίσθηση ότι πρέπει να φύγεις και ότι αυτό που του λες δεν είναι σημαντικό.

Επίσης πολύ σημαντικό είναι να κρατάμε σημειώσεις για την συνομιλία που έχουμε με τον άνθρωπο αυτόν έτσι

78

ώστε όταν θα έρθει η ώρα να ξαναμιλήσουμε να είμαστε σίγουροι για το τι ειπώθηκε και πληροφορίες που θα μας είναι χρήσιμες. CRM!!!!

Αναλόγως το προϊόν ή την υπηρεσία σου θα πρέπει τις πρώτες φράσεις σου να τις έχεις αρκετά δουλεμένες έτσι ώστε να μην χρειαστεί να τις σκεφτείς αλλά να δίνεις με αυτόν τον τρόπο χρόνο στον εαυτό σου να δει όλα όσα πρέπει για τον άνθρωπο απέναντι.

Πρόσεξε πάρα πολύ την τονικότητά σου στην τηλεφωνική επικοινωνία. Να είσαι ξεκάθαρος, θετικός και όχι σαν telemarketing, ακόμα και εάν κάνεις telemarketing. Χρησιμοποίησε το script που μπορεί να σου έχει δώσει η εταιρία σου αλλά μην φοβάσαι να είσαι ανθρώπινος.

Έχοντας ξεπεράσει την πρώτη προσέγγιση στην ουσία «πουλήσαμε» στον απέναντι την υπόλοιπη συνάντηση. Είναι πλέον η ώρα για να ξεκινήσουμε να κάνουμε την ανάλυση αναγκών.

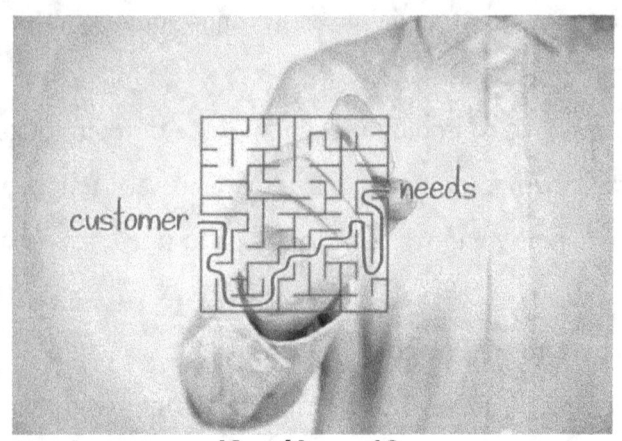

Κεφάλαιο 13.

Η ανάλυση αναγκών. Σε αυτό το σημείο είναι που θα πρέπει να μάθεις πως ακριβώς μπορείς να εξυπηρετήσεις καλύτερα τον πελάτη σου. Για να είσαι αποτελεσματικός επαγγελματίας πωλητής πρέπει να καταλαβαίνεις ποιες είναι οι ανάγκες του ανθρώπου αυτού. Ο τρόπος για να το πετύχεις αυτό είναι να κάνεις σωστές ερωτήσεις.

Σκέψου πως σε αντιμετωπίζει ένας σωστός γιατρός. Σου δίνει μια συνταγή ή σου κάνει μια επέμβαση με το που σε βλέπει να μπαίνεις στο γραφείο του ή σου κάνει πρώτα τις κατάλληλες ερωτήσεις για καθορίσει τις ανάγκες σου;

Οι σωστές ερωτήσεις δημιουργούν εμπιστοσύνη και πολλές φορές βοηθούν και τον ίδιο τον πελάτη να

80

καθορίσει καλύτερα το πρόβλημα το οποίο έχει καθώς μπορεί να σκεφτεί πράγματα που μέχρι τώρα δεν έχει σκεφτεί. Οι σωστές ερωτήσεις είναι στην ουσία το μυστικό της καλής πώλησης.

Έχουν δημιουργηθεί αρκετές μεθοδολογίες για τον τρόπο με τον οποίο ρωτάς έναν υποψήφιο πελάτη με σκοπό να πάρεις πληροφορίες που θα σε βοηθήσουν να τον βοηθήσεις καλύτερα. Κάποιες μεθοδολογίες αναφέρονται και στο τέλος του βιβλίου αυτού. Όμως εδώ θα πρέπει να αναφέρω ότι ένα από τα βιβλία που πρέπει να έχει διαβάσει όποιος ασχολείται με τις πωλήσεις ή όποιος ενδιαφέρεται να πετύχει γενικότερα στην δουλειά του είναι το SPIN Selling του Neil Rakman.

Είναι όμως κάποιες ερωτήσεις δυνατότερες από κάποιες άλλες;

Στα περισσότερα βιβλία αναφέρονται σαν καλύτερες ερωτήσεις οι Ανοιχτού τύπου. Είναι εκείνες δηλαδή που θα κάνουν τον απέναντι να θελήσει να μιλήσει για την επιχείρηση και τα προβλήματα που μπορεί αυτή να έχει έτσι ώστε να μάθουμε πως μπορούμε να τον βοηθήσουμε και εμείς καλύτερα. Όμως το πρόβλημα που υπάρχει είναι ότι μετά από έρευνες που έχουν γίνει (ειδικά στο βιβλίο SPIN Selling) βλέπουμε ότι το 10% των ανοιχτών ερωτήσεων έχει μονολεκτικές απαντήσεις (σαν να έχει γίνει ερώτηση κλειστού τύπου) ενώ στις ερωτήσεις κλειστού τύπου το 60% των απαντήσεων είναι με φράσεις (όπως θα γινόταν σε ερώτηση ανοιχτού τύπου). Οπότε επί της ουσίας ο διαχωρισμός σε ανοιχτές και κλειστές ερωτήσεις έχει προβλήματα αν και χρησιμοποιείται από τις αρχές του 19^{ου} αιώνα!

Δεν είναι δυνατόν να μεταφέρω τις πληροφορίες από το βιβλίο SPIN σε ένα κεφάλαιο (ακόμα και στα σεμινάρια για να τις δουλέψουμε χρειάζονται ώρες) όμως μπορώ να γράψω το εξής:

Με την μεθοδολογία SPIN ο πωλητής χρησιμοποιεί πρώτα ερωτήσεις σχετικά με την κατάσταση του πελάτη (Situation) οι οποίες ακολουθούνται από ερωτήσεις για το πρόβλημα του πελάτη (Problem) έτσι ώστε να του δημιουργηθούν σιωπηρές ανάγκες, οι οποίες αναπτύσσονται από ερωτήσεις ανάπτυξης (Implication) έτσι ώστε να καταλάβει ακόμα περισσότερο ο πελάτης την βαρύτητα του προβλήματος με αποτέλεσμα μετά να κάνει ο πωλητής ερωτήσεις σχετικά με το πόσο θα βοηθούσε μια λύση στο πρόβλημά του (Need/Pay off) και μετά να περάσει στην παρουσίαση της λύσης που θα του προτείνει.

Τόσο απλά...

Οι σωστές ερωτήσεις είναι αυτές που κάνουν τον απέναντι να σκεφτεί την επιχείρησή του από μια οπτική που μπορεί έως τώρα να μην έχει, που του αναδεικνύουν την σοβαρότητα ενός προβλήματος που έως τώρα θεωρούσε μικρής σημασίας, και που τελικά προσθέτουν αξία στην συζήτηση και δεν γίνονται μόνο για να μαζέψει κάποιος πληροφορίες.

Οι σωστές ερωτήσεις δηλαδή βοηθάνε τον υποψήφιο πελάτη να κατανοήσει το πρόβλημα που μπορεί να έχει καλύτερα και να το δει στο πραγματικό του μέγεθος. Πως αυτό επηρεάζει την επιχείρησή του και πόσο αξία θα είχε μια σωστή λύση για αυτό το πρόβλημα;

Μετά μπορείς να παρουσιάσεις την δική σου λύση η οποία θα δώσει το φάρμακο στο πρόβλημα που και ο ίδιος ο υποψήφιος πελάτης ίσως δεν γνώριζε ότι έχει.

Αυτή είναι η μαγεία των σωστών ερωτήσεων.

Σε αυτό το σημείο απαντήσεις στα προβλήματα μιας επιχείρησης μπορούν να δώσουν και τα οφέλη που θα έχει

83

κάποιος αποκτώντας το προϊόν ή την υπηρεσία μας. Αυτό το κάνουμε στο επόμενο βήμα, την παρουσίαση.

Θα υπάρξουν περιπτώσεις που αυτό που έχετε να προσφέρετε στον απέναντι δεν είναι η λύση που του ταιριάζει, και δεν μπορείτε να την βρείτε στο προϊόν ή τις υπηρεσίες σας. Δεν είναι πρόβλημα αυτό. Στην καριέρα σας σαν πωλητές θα μπορέσετε να είστε επαγγελματίες όταν πείτε ξεκάθαρα «Λυπάμαι αυτό που έχω αυτήν την στιγμή δεν καλύπτει την ανάγκη σας και δεν θέλω να σας ταλαιπωρήσω.» Αυτός ο πελάτης που θα το ακούσει αυτό θα έχει πάντα ανοιχτή την πόρτα του για εσάς.

Κεφάλαιο 14.

Η παρουσίαση. Έχοντας κάνει την σωστή ανάλυση αναγκών και έχοντας αναδείξει το πρόβλημα που μπορεί να έχει ο πελάτης ήρθε η ώρα να του παρουσιάσεις την λύση.

Φυσικά αυτό σημαίνει ότι πρέπει να δείξεις τα οφέλη του προϊόντος ή της υπηρεσίας σου στον πελάτη και όχι τα χαρακτηριστικά του.

Επίσης έχοντας μάθει της ανάγκες του μέσα από τις σωστές ερωτήσεις, περνάς στην παρουσίαση με σκοπό να δείξεις ότι μπορείς να καλύψεις αυτές τις ανάγκες, να συνεχίσεις τον διάλογο και να μην κάνεις έναν μακρύ μονόλογο.

Τίποτα δεν είναι χειρότερο σε μια παρουσίαση από όταν αυτή γίνεται από την πλευρά του πωλητή μόνο. Παράδειγμα στις πολεμικές τέχνες δεν μπορείς να αντιδράς σε όλους όπως σε βολεύει αλλά να βλέπεις τι κάνει ο αντίπαλος και αναλόγως να δρας. Επίσης προσέχουμε τι ενδιαφέρει τον πελάτη. Εάν έχουμε 10 σημεία που θέλουμε να παρουσιάσουμε και ο πελάτης στο 3ο ενθουσιαστεί και είναι έτοιμος να αγοράσει δεν του λέμε να περιμένει να του εξηγήσουμε και τα υπόλοιπα, αυτό μπορεί να γίνει σαν κερασάκι στην τούρτα σε επόμενες συναντήσεις εφόσον δεν έρχονται ενάντια στις ανάγκες του.

Όταν αναφέρουμε την τιμή δεν το κάνουμε απολογούμενοι! Πολλές φορές έχω ακούσει πωλητές να λένε την τιμή και σχεδόν να ζητάνε συγνώμη για το ύψος αυτής. Τότε είναι που ο πελάτης ξέρει ότι μπορεί να πιέσει για να πάρει την έκπτωση. Πρέπει να αναφέρεις την τιμή ήρεμος και αποφασιστικά γιατί πιστεύεις πραγματικά ότι η αξία που θα έχει το προϊόν ή υπηρεσία σου για τον πελάτη την ξεπερνά κατά πολύ. Άλλωστε μόλις πριν λίγο κατάλαβε και ο πελάτης μέσα από την ανάλυση αναγκών ότι έχει ένα πρόβλημα που του κοστίζει πολύ περισσότερα.

Όταν ο πελάτης παραπονεθεί για την τιμή είναι μόνο γιατί δεν του έχεις δώσει αρκετή αξία στην παρουσίασή σου για τα χρήματα που του ζητάς. **Δεν τελειώνουμε ένα ραντεβού χωρίς να έχει προχωρήσει η πώληση.** Τι σημαίνει αυτό; Ότι ο πελάτης έχει συμφωνήσει σε μια συγκεκριμένη ενέργεια για να φτάσει πιο κοντά στην συμφωνία. (π.χ. να πάρει κάποιο δείγμα, να κλειστεί ένα νέο ραντεβού με όλα τα εμπλεκόμενα μέρη, να δεχθεί μια δοκιμαστική περίοδο στην υπηρεσία μας κλπ).

Πολύ συχνά οι πωλητές κάνουν το εξής λάθος. Μπερδεύουν την καλή διάθεση και το καλό κλίμα σε μια συνάντηση με την προώθηση της πώλησης. Ο πελάτης λέει ότι η παρουσίαση ήταν πολύ καλή και να ξαναπούμε κάποια στιγμή, όμως επί της ουσίας δεν δέχθηκε να γίνει κάποια ενέργεια για να προχωρήσει η πώληση. Ο πωλητής έχει την λάθος αίσθηση ότι όλα πήγαν καλά και τίποτα δεν συμβαίνει.

Ο λόγος για τον οποίο συμβαίνει αυτό είναι ότι ο πωλητής δεν έχει ξεκάθαρο στόχο πριν μπει στο ραντεβού. Έτσι δεν ξέρει εάν το ραντεβού πήγε καλά! «Εφόσον με άκουσε με ευχαρίστηση και τα είπαμε και δεν με πέταξε έξω, μάλλον θα κλείσει»

Αυτό είναι το σκεπτικό του ερασιτέχνη πωλητή. Ἤ μάλλον για να είμαι ακριβής του Επαγγελματία Επισκέπτη. Ο Επαγγελματίας Πωλητής έχει στο μυαλό το επιθυμητό αποτέλεσμα σε κάθε συνάντηση, σε κάθε τηλεφώνημα κλπ. Έτσι μπορεί να ξέρει εάν πήγε καλά και τι πρέπει να γίνει για να προχωρήσει η πώληση. Μην πηγαίνεις λοιπόν σε κάποιο ραντεβού χωρίς να έχεις σκεφτεί τι πρέπει να πάρεις από αυτό για να προχωρήσει η διαδικασία μπροστά. Έτσι δεν θα σπαταλήσεις ούτε τον δικό σου χρόνο ούτε του πελάτη.

Κάτι του οποίο είναι επίσης πολύ σημαντικό είναι **να ξέρεις πως να μειώνεις τον αριθμό των ραντεβού που δεν γίνονται τελικά** έτσι ώστε να μην χάνεις πολύτιμο χρόνο. Να μπορείς δηλαδή να κλειδώνεις σωστά το ραντεβού.

Πόσες φορές έχετε πάει σε ραντεβού που είχες κλείσει τηλεφωνικά αλλά τελικά βρέθηκες απέναντι σε κάποιον που το είχε ξεχάσει ή δεν πρόλαβε να ήταν εκεί ή για κάποιον άλλο λόγο σε έστησε; Πόσες ώρες έχεις χάσει και πόση βενζίνη έχεις κάψει έτσι; Προσωπικά αρκετά, μέχρι που έμαθα πως να κλειδώνω τα ραντεβού μου με μια απλή φράση και έπεσε δραματικά το ποσοστό των ακυρώσεων μου. Έτσι αύξησα την παραγωγικότητά σταματώντας τα χωρίς λόγο ταξίδια.

Η αίσθηση που έχει κάποιος με τον οποίο μιλάμε στο τηλέφωνο, στην αισιόδοξη περίπτωση είναι ότι τον απασχολούμε από τις πολύ σημαντικότερες δουλειές του. Ακόμα και αν αυτές είναι το ανούσιο σερφάρισμα στο διαδίκτυο. Είναι λοιπόν πολύ δύσκολο να πάρει σοβαρά υπόψιν του το ραντεβού για το οποίο μιλάτε εκείνη την ώρα στο τηλέφωνο (τις περισσότερες φορές δεν το σημειώνει καν κάπου) με αποτέλεσμα να σας στήνει στο ραντεβού. Πως τον κάνουμε να βγει από τον μικρόκοσμό του και να σημειώσει ή να μην ξεχάσει το ραντεβού μας;

Χρησιμοποιώντας την παρακάτω φράση.

Αφού έχουμε πει πια ώρα και μέρα θα βρεθούμε "κλειδώνουμε" το ραντεβού λέγοντας:

"Κ.Τάδε εκτός από το να πέσει μετεωρίτης στην Θεσσαλονίκη ή να μας επιτεθούν εξωγήινοι, μπορείτε να σκεφτείτε οποιονδήποτε άλλο λόγο να μην είστε στο γραφείο αύριο στις 5;"

Τι κάνει αυτή η φαινομενικά εξωφρενική φράση; Του σπάει την...διάσπαση προσοχής που έχει εκείνη την ώρα και τον κάνει να προσέξει τι του λες. Τον δεσμεύει και μειώνει δραματικά το ποσοστό των ακυρώσεών σας.

Φυσικά μπορείς να αλλάξεις το παράδειγμα με κάποιες άλλες "αφορμές" αλλά οι παραπάνω έχω δει ότι σπάνε τον πάγο σωστά και με χιούμορ.

Δοκίμασέ το! Σίγουρα πάλι θα έχεις και κάποιες ακυρώσεις, όμως το ποσοστό θα μειωθεί εγγυημένα καθώς πραγματικά "κλειδώνεις" το ραντεβού σου.

Κεφάλαιο 15.

Η συμφωνία. 80% των πωλήσεων χάνεται επειδή ο πωλητής δεν ξέρει πως να 'κλείνει'. Επίσης ένα πολύ μεγάλο ποσοστό των πωλητών δεν ζητάνε καν την πώληση. Η συζήτηση τελειώνει ως συνήθως με φράσεις «Δείτε το και μιλάμε αργότερα» ή «Πως νοιώθετε για αυτό;» και άλλες παρόμοιες, σε καμία από τις οποίες δεν ζητάνε από τον πελάτη ξεκάθαρα να αγοράσει. Καμία δεν είναι κλείσιμο.

Και ο όρος όμως 'κλείσιμο' δεν είναι απολύτως σωστός γιατί τότε είναι που στην ουσία ξεκινάει η σχέση της πώλησης με τον πελάτη. Κατά την γνώμη μου καλύτερη έκφραση είναι 'η ώρα της απόφασης'. Όταν δηλαδή έρθει η ώρα που πρέπει σαν επαγγελματίες πωλητές να βοηθήσουμε τον πελάτη να πάρει μια απόφαση που είναι πραγματικά προς όφελός του. Και το ξαναγράφω:

Όταν δηλαδή έρθει η ώρα που πρέπει σαν επαγγελματίες πωλητές να βοηθήσουμε τον πελάτη να πάρει μια απόφαση που είναι πραγματικά προς όφελός του.

Κάθε βήμα της πώλησης περιέχει ένα είδος 'κλεισίματος'. Είτε όταν παίρνεις το πρώτο τηλεφώνημα για να καθορίσεις το ραντεβού, είτε κάνοντας την ανάλυση αναγκών, στην ουσία βοηθάς τον πελάτη σου να πάρει σωστές αποφάσεις. Όταν φτάσει όμως η στιγμή θα πρέπει να ξέρεις με ποιον τρόπο να ζητήσεις την παραγγελία και κανένα ραντεβού δεν θα πρέπει να τελειώνει χωρίς μια συμφωνία για το επόμενο βήμα που θα φτάσει στην παραγγελία. Μην δέχεσαι εκφράσεις όπως 'Θα το σκεφτώ και θα σε πάρω εγώ.' Την συγκεκριμένη φράση βλέπουμε πως να την αντιμετωπίζεις στο τέλος του κεφαλαίου.

Σε αυτό το στάδιο επί της ουσίας ανακαλύπτεις τα εμπόδια. Θα ακούσετε πράγματα όπως 'Θα το σκεφτώ και θα σε πάρω εγώ', 'Είναι πολύ ακριβό', 'Θα το δω με τον συνεργάτη μου.', 'Με την κρίση τώρα....'. Πως μπορείς να τα ξεπεράσεις;

Υπάρχουν τόσοι πολλοί τρόποι να κλείνεις την πώληση (έχει γίνει από μόνη της επιστήμη αυτή η διαδικασία) αλλά η προσωπική μου γνώμη μέσα από την εμπειρία στην Ελληνική αγορά όλα αυτά τα χρόνια είναι ότι η απόφαση για αγορά θα πρέπει να έχει παρθεί από τα προηγούμενα βήματα και φτάνοντας σε αυτό το κομμάτι η συμφωνία και η έγκριση της αγοράς να έρχεται απλά και φυσικά.

Θα δώσουμε όμως μερικούς τρόπους να παίρνεις την έγκριση του πελάτη για την παραγγελία όπως επίσης και μερικά από τα καλύτερα βιβλία που κυκλοφορούν για το κλείσιμο της πώλησης.

- Η απλή ερώτηση. «Τι χρειάζεται λοιπόν να κάνουμε για να έχετε αυτό το μοντέλο στην επιχείρησή σας;»

-Εάν εγώ...εσύ θα;;; «Εάν σας αποδείξω ότι το μοντέλο μας μπορεί να το κάνει αυτό εσείς θα ήσασταν διαθετημένος να το δοκιμάσετε;»

-Δια της άτοπου απαγωγής. «Λοιπόν σας αρέσει, μπορείτε να το χρησιμοποιήσετε, και είναι μέσα στο μπάτζετ σας...»

-Το σίγουρο κλείσιμο. «Θέλετε να το κάνουμε μετρητά ή σε κάρτα;»

93

Η σημασία της σιωπής αφού ζητήσουμε την πώληση...

Η σιωπή είναι η μία από τις δύο μορφές πίεσης που ασκείται σε έναν πελάτη. Όταν ζητήσουμε την πώληση πρέπει να σταματήσουμε να μιλάμε και να περιμένουμε την επόμενη φράση του πελάτη μας.

Η δεύτερη μορφή πίεσης που ασκούμε στον πελάτη έχει να κάνει περισσότερο με εμάς.

Στα σεμινάρια λένε ότι δεν πρέπει να πιέζεις τον πελάτη παρά μόνο με την σιωπή σου όπως ανέφερα παραπάνω. Εγώ αρκετές φορές πιέζω παραπάνω, όμως υπάρχει πολύ σημαντικός λόγος που θα τον καταλάβεις από τις απαντήσεις που θα δώσεις στις παρακάτω ερωτήσεις:

Πιστεύεις απόλυτα στην υπηρεσία ή το προϊόν που προσφέρεις;

Πιστεύεις ότι είναι σίγουρο ότι θα βοηθήσει τον πελάτη που θα το αγοράσει;

Αισθάνεσαι πραγματικά άσχημα για κάποιον που δεν αγόρασε αυτό που του προσφέρεις;

Το έχεις αγοράσει και εσύ ο ίδιος;

Χρεώθηκες και εσύ ο ίδιος για να το πληρώσεις;
94

Εάν οι απαντήσεις σε όλες τις ερωτήσεις είναι ΝΑΙ, τότε ΓΙΑΤΙ ΝΑ ΜΗΝ ΠΙΕΣΕΙΣ ΚΑΠΟΙΟΝ ΝΑ ΑΓΟΡΑΣΕΙ; ΓΙΑΤΙ ΝΑ ΜΗΝ ΕΠΙΜΕΙΝΕΙΣ;;;;

Έχοντας την παραπάνω νοοτροπία θα μεταφέρεις και το συναίσθημα (κάποιοι λένε ότι πώληση είναι η μεταφορά συναισθημάτων. Προσωπικά θεωρώ ότι είναι πολύ περισσότερα από αυτό) και θα κάνεις σωστά τα προηγούμενα βήματα για να φτάσεις στο σημείο και με ευκολία για σένα και τον πελάτη να πεις:

"Λοιπόν κ.Τάδε το επόμενο λογικό βήμα είναι να γίνει αυτό...(χαρτιά, κατάθεση προκαταβολής κλπ)"

Την παραπάνω φράση την χρησιμοποιώ χρόνια με πολύ μεγάλη επιτυχία σε κάθε στάδιο της πώλησης. Διαβάζοντας τελευταία το βιβλίο The Perfect Close του James Muir βρήκα έναν ακόμα υποστηρικτή αυτής της νοοτροπίας. Ότι δηλαδή αυτό που λέμε κλείσιμο θα πρέπει να έχει δρομολογηθεί από τα πρώτα βήματα. Στο

95

συγκεκριμένο βιβλίο αναφέρει μια διαφορετική φράση, τώρα που γράφω αυτές τις γραμμές ξεκίνησα να την χρησιμοποιώ με πολύ μεγάλη επιτυχία αλλά χωρίς μεγάλο δείγμα ακόμα.

Μια πολύ σημαντική λεπτομέρεια όταν ζητάμε την πώληση είναι ότι καλό είναι να μην ζητάμε την υπογραφή. Είναι μια λέξη που τρομάζει πολλές φορές και μετά από έρευνες έχει αποδειχθεί ότι είναι καλύτερα να ζητάς την έγκριση, την επιβεβαίωση, το οκ ή κάπως αλλιώς.

Θα αναφέρω επίσης 2 από τα καλύτερα βιβλία πωλήσεων για το κομμάτι του κλεισίματος αλλά καλό θα ήταν να έχεις στο μυαλό σου ότι όταν μιλάμε για μεγάλες πωλήσεις θα πρέπει να μην χρησιμοποιούμε τεχνάσματα κλεισίματος γιατί θα εκληφθούν ως προσβολή από τους υποψήφιους αγοραστές. Στην μεγάλη πώληση η διαδικασία του κλεισίματος εφόσον τα προηγούμενα βήματα έχουν γίνει σωστά είναι σχετικά πιο απλή και έχει να κάνει απλά με το να ζητάς από τους αγοραστές να προχωρήσει μπροστά η διαδικασία. Το επόμενο λογικό βήμα είναι....

Τα βιβλία είναι το Secrets of Closing the Sale από τον Zig Ziglar και το Mastering the Art of Selling του Tom Hopkins.

Πως αντιμετωπίζεις το «Θα το σκεφτώ.»

Έχεις κάνει όλα τα βήματα σωστά. Προσέγγιση, ανάλυση αναγκών, δημιουργία εμπιστοσύνης, παρουσίαση, ζήτησες την πώληση, διαχειρίστηκες τις πρώτες αντιδράσεις και έφτασες στην πηγή μόνο και μόνο για να ακούσεις το τρομερό "Άσε με λίγο να το σκεφτώ και θα ξαναμιλήσουμε". Καταστροφή! Νομίζεις ότι όλα τελείωσαν και έχασες και την πώληση και τον χρόνο σου...

Ή μήπως όχι; Μήπως εάν ξέρεις τι να πεις και με ποιον τρόπο μπορείς να ολοκληρώσεις την πώληση στις περισσότερες περιπτώσεις;

Σπάνια ακούς όχι στις πωλήσεις. Δηλαδή, σχεδόν καθημερινά αισθάνεσαι την απόρριψη αλλά αυτή πολύ σπάνια έχει την ξεκάθαρη μορφή του ΟΧΙ. Πολύ συχνά έχεις να κάνεις με φράσεις όπως "Θα το δούμε λίγο αργότερα", "Δεν είναι στο μπάτζετ της φετινής χρονιάς",

97

"θα το δω με τους συνεργάτες μου" και άλλα τέτοια. Που φυσικά είναι δικαιολογίες και ένδειξη ότι κάτι δεν έκανες καλά στα προηγούμενα βήματα της πώλησης. Όμως αυτό που απεχθάνονται οι περισσότεροι πωλητές είναι η φράση "Θα το σκεφτώ".

Και εγώ το ίδιο! Μου ερχόταν πολλές φορές να λογομαχήσω με τον απέναντι όταν μου το έλεγε αυτό (μεγάλο λάθος φυσικά η οποιαδήποτε διαφωνία με τον πελάτη), όμως αυτό συνέβαινε γιατί

1ον δεν είχα καταλάβει ότι ο πελάτης απλά εκείνη την ώρα μου χτυπούσε το καμπανάκι ότι κάτι τελευταίο έχει μείνει που πρέπει να ξεπεράσει για να αγοράσει (ως συνήθως τα χρήματα)

και 2ον γιατί δεν ήξερα τι να απαντήσω! Είχα δοκιμάσει αρκετές προσεγγίσεις έως ότου βρήκα αυτή από τον Τομ Χόπκινς.

Αυτή λοιπόν η προσέγγιση, προσωπικά, μου ταίριαξε καλύτερα και μου έφερε τα καλύτερα αποτελέσματα. Πάει κάπως έτσι:

«Δεν πειράζει κ.Παπαδόπουλε. Φυσικά και θα πρέπει να το σκεφτείτε εφόσον ενδιαφέρεστε πραγματικά για την συνεργασία μας έτσι δεν είναι; Μπορώ λοιπόν να υποθέσω

98

ότι θα το σκεφτείτε ειλικρινά; Πολύ ωραία. Για να είμαι λίγο πιο ξεκάθαρος στο μυαλό μου, πιο σημείο της συνεργασίας μας θα θέλατε να σκεφτείτε περισσότερο; Είναι η ποιότητα της εξυπηρέτησης που θα σας προσφέρω; Είναι κάτι που ξέχασα να αναφέρω; Μήπως στην πραγματικότητα είναι τα χρήματα;

Κάτι που θα πρέπει να θυμάσαι είναι ότι δεν θα πρέπει να σταματήσεις καθόλου στο σημείο ...να σκεφτείτε περισσότερο; Είναι η ποιότητα... Εάν το κάνεις δίνεις την ευκαιρία στον πελάτη να σου απαντήσει με υπεκφυγές και να πάει αλλού την συζήτηση.

Αυτό που κοιτάς να κάνεις εδώ είναι να βγάλεις οποιαδήποτε τελευταία αντίρρηση υπάρχει και να φτάσεις στην πιο συνηθισμένη που είναι τα χρήματα. Εκεί μπορείς πλέον να το διαχειριστείς και να προχωρήσεις στην πώληση.

Κεφάλαιο 16.

Follow-up. Η πώληση στην ουσία ξεκινάει με την αγορά του προϊόντος ή της υπηρεσίας μας. Το πόσο καλοί είμαστε στο follow-up και το service θα καθορίσει εάν θα μπορέσουμε να διπλασιάσουμε γρήγορα τα αποτελέσματά μας.

Οι συστάσεις θα έρθουν από εκεί, οι επαναληπτικές πωλήσεις θα έρθουν από εκεί, το όνομα στην αγορά θα έρθει από εκεί, το cross selling και το upselling θα έρθουν από εκεί. Για αυτόν τον λόγο πρέπει να υπάρχουν σημειώσεις για όλες τις συζητήσεις που έγιναν με έναν πελάτη έτσι ώστε να μπορείς να ξέρεις πότε και πως πρέπει να τον προσεγγίσεις για το καλύτερο δυνατό αποτέλεσμα και για αυτόν αλλά και για σένα.

Εκεί είναι που αποκτάει πραγματική αξία η χρήση εταιρικών εργαλείων όπως το CRM που θα δούμε και παρακάτω.

Ένα παράδειγμα προς αποφυγήν είναι ένας πάρα πολύ καλός πωλητής που με εντυπωσίασε με τον επαγγελματισμό του σε όλα τα προηγούμενα βήματα και με πολύ μεγάλη ευκολία αγόρασα την ασφάλιση που μου πρότεινε μιας και πραγματικά ήταν η καλύτερη λύση που υπήρχε για μένα.

Μετά όμως; Από την ώρα που ξεκίνησε η συνεργασία μας δεν υπήρξε καμία άλλη επικοινωνία…Στο διάστημα αυτό προέκυψαν και άλλες μου ανάγκες, τι λέτε ξαναπήγα στον ίδιο; Και ακόμα χειρότερα, τι θα πω στον πρώτο φίλο μου που θα με ρωτήσει εάν γνωρίζω κάποιον καλό ασφαλιστή;

Το πιο τρομακτικό στατιστικό που υπάρχει στις πωλήσεις και δεν πρέπει κανένας από τον χώρο να μην το γνωρίζει είναι το εξής:

101

SALES STATISTICS

48% OF SALES PEOPLE NEVER FOLLOW UP WITH A PROSPECT
25% OF SALES PEOPLE MAKE A SECOND CONTACT AND STOP
12% OF SALES PEOPLE ONLY MAKE THREE CONTACTS AND STOP
ONLY 10% OF SALES PEOPLE MAKE MORE THAN THREE CONTACTS
2% OF SALES ARE MADE ON THE FIRST CONTACT
3% OF SALES ARE MADE ON THE SECOND CONTACT
5% OF SALES ARE MADE ON THE THIRD CONTACT
10% OF SALES ARE MADE ON THE FOURTH CONTACT
80% OF SALES ARE MADE ON THE FIFTH TO TWELTH CONTACT

Source: National Sales Executive Association

Τι μας λέει η παραπάνω εικόνα από το Αμερικάνικο Εθνικό Ινστιτούτο Πωλήσεων;

48% των πωλητών δεν κάνουν καμία 2η επίσκεψη σε κάποιον ενδιαφερόμενο!!!

25% των πωλητών κάνουν μια 2η επαφή και μετά σταματάνε!

12% των πωλητών κάνουν 3 επαφές και σταματάνε

Μόλις το 10% των πωλητών κάνουν περισσότερες από 3 επαφές.

Από την άλλη πλευρά.

2% των πωλήσεων γίνεται στην 1η επαφή

3% γίνεται στην 2η επαφή

5% των πωλήσεων γίνεται στην 3η επαφή

102

10% των πωλήσεων γίνεται στην $4^η$ επαφή

80% των πωλήσεων γίνονται από την $5^η$ έως την $12^η$ επαφή!!!

Δηλαδή μόλις το 10% των πωλητών κλείνει το 80% των πωλήσεων επειδή κάνει περισσότερα follow up! Όμως αν ρωτήσεις τους υπόλοιπους πωλητές φταίει η κρίση, η περιοχή και άλλα τέτοια.

Εάν αυτό δεν σου λέει κάτι για την προσπάθεια και την επιμονή που χρειάζεται να έχεις για να είσαι επιτυχημένος στις πωλήσεις τότε δεν υπάρχει λόγος να διαβάζεις αυτό το βιβλίο.

Κεφάλαιο 17.

Διαχείριση Αντιρρήσεων. Εάν κοιτάξεις προσεκτικά όλες τις αντιρρήσεις που προκύπτουν στην υπηρεσία ή το προϊόν σου επί τη ουσίας υπάρχουν μόνο 2.

Δεν πιστεύει στο προϊόν ή δεν πιστεύει εσένα.

Διαχείριση αντιρρήσεων

Δεν πιστεύω αρκετά στο προϊόν...

Δεν πιστεύω αρκετά εσένα...

Κάθε μορφή αντίρρησης είναι ένδειξη ενδιαφέροντος!

Στην πρώτη περίπτωση θα πρέπει να κάνεις καλύτερη ανάλυση αναγκών και παρουσίαση των οφελών της υπηρεσίας ή του προϊόντος ή να παρουσιάσεις μαρτυρίες για το προϊόν ή την υπηρεσία σου. Στην δεύτερη περίπτωση θα πρέπει να αναπτύξεις καλύτερα την σχέση σου με τον πελάτη σου. Κάθε μορφή αντίρρησης είναι ένδειξη ενδιαφέροντος και δεν θα πρέπει να αντιμετωπίζεται αρνητικά.

Ένα από τα εργαλεία που δημιουργούμε με τα σεμινάριά μας είναι το **Αρχείο Αντιρρήσεων**. Αυτό είναι ίσως από τα πολυτιμότερα εργαλεία σε μια επιχείρηση. Μαζεύουμε όλες τις πιθανές αντιρρήσεις που παρουσιάζονται σε μια επιχείρηση και βρίσκουμε τις καλύτερες απαντήσεις που ξέρουμε ότι δουλεύουν στην πραγματικότητα. Τότε όλοι οι πωλητές εκπαιδεύονται σε

105

αυτό το αρχείο και συνεχίζουμε να προσθέτουμε κάθε νέα αντίρρηση που παρουσιάζεται.

Εάν θέλεις βοήθεια στην δημιουργία του δικού σου Αρχείου Αντιρρήσεων μπορείς να επικοινωνήσεις μαζί μας στο info@bizman.gr.

Τι σημαίνει το Όχι στην πώληση.

Λοιπόν θα το πω στην αρχή για να ξεμπερδεύουμε με αυτό. Ο πωλητής πρέπει να καταλάβει με όλο του το είναι ότι το όχι στην πραγματικότητα σημαίνει

ΟΧΙ ΑΥΤΗΝ ΤΗΝ ΣΤΙΓΜΗ.

Και θα το ξαναπώ για να είμαστε σίγουροι ότι ακούστηκε:

το όχι στην πραγματικότητα σημαίνει
ΟΧΙ ΑΥΤΗΝ ΤΗΝ ΣΤΙΓΜΗ.

Έχοντας αυτό στο μυαλό μας είναι σίγουρο ότι πολλές από τις πωλήσεις που θεωρήσαμε χαμένες θα μπορέσουμε τελικά να τις κλείσουμε και να έχουμε έναν ευχαριστημένο πελάτη και συνεργάτη. Το γεγονός ότι κάποιος μας λέει όχι, ή νοιώθουμε ότι εννοεί όχι, δεν πρέπει να μας ταράζει καθόλου.

Μπορεί την δεδομένη στιγμή να μην έχει ανάγκη πραγματικά για το προϊόν ή την υπηρεσία μας, μπορεί την δεδομένη στιγμή να μην μπορεί να διαθέσει τα χρήματα, μπορεί την δεδομένη στιγμή να μην του άρεσε ο τρόπος παρουσίασης που του κάναμε (να μην λύσαμε όλα τα θέματα που τον αποτρέπουν να αγοράσει), μπορεί την δεδομένη στιγμή απλά να στραβοξύπνησε...

Πριν από αρκετά χρόνια δούλεψα σε μια εταιρία που προωθούσε πόρτα πόρτα έναν ιατρικό 12τομο οδηγό. Χρησιμοποιούσαμε την αιφνιδιαστική πώληση και τις περισσότερες φορές ο πελάτης δεν ήξερε καν τι αγόραζε μέχρι που του φέρναμε σε όλο το 12τομο μεγαλείο του.

Δούλεψα ένα μήνα, έκανα πέντε πωλήσεις και σταμάτησα γιατί δεν μπορούσα αυτήν την διαδικασία της πώλησης. Όταν εκπαιδευόμουν δεν θα ξεχάσω μια κοπέλα με την οποία ήμασταν έξω μαζί και σαν παλαιότερη είχε το ρόλο του εκπαιδευτή. Σε όποιον υποψήφιο πελάτη λοιπόν μιλούσαμε και δεν ήθελε να αγοράσει η κοπέλα αυτή μιλούσε άσχημα και επιθετικά, πολλές φορές προσβάλλοντας τον κατάμουτρα.

Μετά τις πρώτες 2 μέρες ζήτησα να βγαίνω πλέον μόνος. Δεν μπορούσα με τίποτα να καταλάβω την

107

συμπεριφορά αυτή! Οι άνθρωποι που συναντούσαμε ήταν σίγουρο ότι θα μας ξαναδούν κάποια στιγμή στο μέλλον όταν θα ξαναπερνούσαμε να ξαναδοκιμάσουμε. Πως μπορούσε να 'καίει' με αυτόν τον τρόπο επαφές;;;

Ακόμα και αν αλλάξεις εταιρία, είναι πολύ πιθανόν να μιλήσεις με κάποιον από αυτούς για την νέα σου δουλειά, και τότε πώς περιμένεις να σε αντιμετωπίσουν όταν τους έχεις ήδη μιλήσει τόσο επιθετικά;

Δεν είναι καθόλου σπάνιο να επιστρέφω σε πιθανούς αγοραστές που πριν λίγο καιρό είχαν αρνηθεί μόνο και μόνο για να πω μια καλημέρα, να δω τι κάνουν και να προσθέσω αξία στην συνάντηση με κάποια νέα πληροφορία και σε αρκετές περιπτώσεις φεύγω με πώληση.

Μια από τις πιο σημαντικές λίστες επαφών (leads) που μπορείς να κάνεις στις πωλήσεις είναι η λίστα αυτών που σου είπαν όχι. Μέσα από αυτήν την λίστα να είσαι σίγουρος ότι θα βγάλεις πολλές πωλήσεις. Αρκεί να συμπεριφέρεσαι σε όλες τις επαφές (leads) πάντα σαν να είναι πολύτιμοι πελάτες που δεν πρέπει να χάσεις. Η επιμονή (σε λογικά πλαίσια) είναι από τις βασικές αρετές του επαγγελματία πωλητή.

Κάνοντας πριν λίγο καιρό ένα σεμινάριο σχετικά με τις πωλήσεις για την εκπαίδευση δύο ομάδων πωλήσεων μιας εταιρίας, τους ανάφερα ότι ένας καλός μέσος όρος για το κλείσιμο μιας πώλησης στον τομέα που δραστηριοποιούνται είναι στα 4 ραντεβού οπότε θα πρέπει να υπολογίζουν περίπου 6 μιας και η εταιρία ήταν νέα στον χώρο αυτό.

Η μια ομάδα με το που άκουσε τα νούμερα διαμαρτυρήθηκε έντονα λέγοντας ότι είναι πολλές επισκέψεις για μια πώληση και γενικά ότι δεν ήξερα τι έλεγα. Αποτέλεσμα; Λίγους μήνες μετά η ομάδα αυτή αποδεκατίστηκε ενώ ο μέσος όρος επισκέψεων ανα πώλησης της άλλης ήταν λίγο πάνω από το 7.

Ακόμα όμως και αν τελικά χάσεις την πώληση πρέπει να μάθεις το μάθημα...στο κάτω κάτω το πλήρωσες με την απώλεια μιας πώλησης. Δες τι δεν έγινε σωστά και τι πρέπει να βελτιωθεί.

Κεφάλαιο 18.

Το μυστικό των πωλήσεων.

Έχοντας κάνει όλα τα παραπάνω που αναφέραμε μέχρι τώρα, ίσως και σε κάποιο θέατρο πωλήσεων για να μπορέσεις να τα κάνεις εύκολα κτήμα σου θα δούμε τώρα πως μπορεί κάποιος να γίνει πραγματικά καλός στις πωλήσεις.

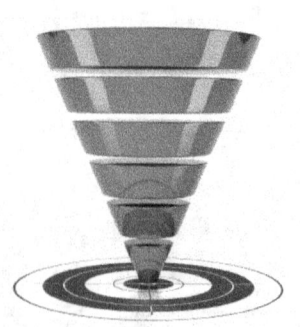

Η φράση κλειδί εδώ είναι: **Καταγραφή δραστηριότητας.** Δεν μπορείς να βελτιώσεις αυτό που δεν μπορείς να μετρήσεις.

Γράφουμε κάθε μέρα πόσους ανθρώπους είδαμε, πόσα δεύτερα

ραντεβού πετύχαμε και πόσες πωλήσεις κλείσαμε. Από αυτά τα νούμερα θα προκύψει ο μέσος όρος μας, και τα σημεία που μπορούμε να βελτιώσουμε. Όπως και στο crossfit με το οποίο ασχολούμαι τα τελευταία χρόνια εκείνα τα σημεία που έχεις πρόβλημα πρέπει να τα δουλέψεις τόσο ώστε να γίνουν τα δυνατά σου σημεία. Τότε θα δεις τον μέσο όρο να αυξάνεται. Η καλύτερη λύση για την καταγραφή και επεξεργασία της δραστηριότητας ακόμα και εάν είσαι μόνος σου, χωρίς να είσαι μέλος μιας ομάδας πωλήσεων, είναι η χρήση CRM δτην οποία αναφερόμαστε παρακάτω.

Όμως τίποτα από όλα αυτά δεν θα γίνει εάν δεν λύσεις το Νο1 πρόβλημα στις πωλήσεις. **Την έλλειψη δραστηριότητας.** Εάν δεν βλέπεις 10 ανθρώπους την ημέρα κάθε μέρα (ή όποιον άλλο αριθμό ορίσεις ανάλογα με το είδος της υπηρεσίας ή του προϊόντος σου) τότε πολύ σύντομα θα δεις τα νούμερά σου να πέφτουν και την καριέρα σου να σβήνει.

Και το γράφω αυτό έχοντας πλήρη συνείδηση του τι λέω. Το μεγαλύτερο πρόβλημα στις πωλήσεις είναι η έλλειψη επαρκούς δραστηριότητας. Και δεν αναφέρομαι μόνο σε όσους ασχολούνται με τις πωλήσεις ως επαγγελματίες πωλητές αλλά και σε όλους τους επιχειρηματίες και οι πωλήσεις είναι για αυτούς και την

111

επιχείρησή τους σαν το οξυγόνο. Οι περισσότεροι κάνουν το λάθος Α) να μην μπορούν να καταλάβουν πόση δραστηριότητα πρέπει να έχουν για να πετύχουν τους στόχους τους, και Β) να μην διατηρούν σταθερή την δραστηριότητά τους. Να σταματάνε να κάνουν κινήσεις ανάπτυξης και νέες επαφές όταν πουλάνε δηλαδή.

Για το Α. Σαν επιχειρηματίας και εγώ ο ίδιος και μέλος αρκετών start ups τα τελευταία χρόνια συναντάω ξανά και ξανά αυτό το πρόβλημα. Ακόμα και σε υπηρεσίες που είναι δωρεάν οι δημιουργοί τους νομίζουν ότι η αγορά θα τους αγκαλιάσει και όλα θα πάρουν αυτόματα τον δρόμο τους. Επαναπαύονται και δεν κάνουν σε καμία περίπτωση τις ενέργειες που πρέπει για να πουλήσουν (ναι και το δωρεάν θέλει πώληση) το προϊόν ή την υπηρεσία τους.

Η προσωπική μου εμπειρία πλέον, μου έχει δείξει ότι πρέπει να δεκαπλασιάσεις τις προσπάθειες τις οποίες πιστεύεις ότι πρέπει να κάνεις για να πετύχεις τους στόχους σου. Έτσι είσαι σίγουρος ότι θα καλύψεις όλα τα αναπάντεχα γεγονότα που είναι βέβαιο ότι θα συναντήσεις.

Για το Β. Πλέον στα σεμινάρια πωλήσεων που κάνω διδάσκω αυτό που ονομάζω «Οι 2 γραμμές δραστηριότητας»

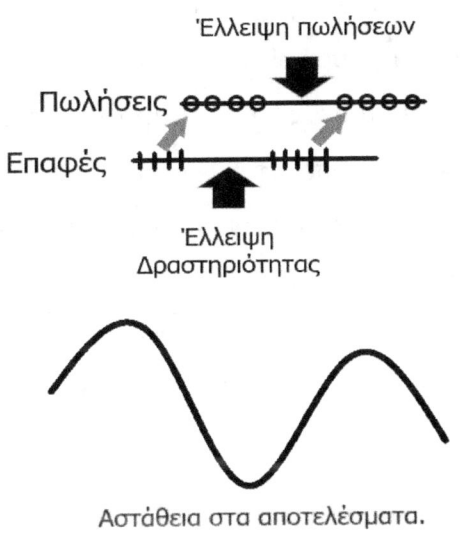

Η μεγαλύτερη παγίδα στις πωλήσεις είναι οι καλές μέρες. Οι μέρες στις οποίες πουλάς και ο εγκέφαλος λειτουργεί (ή μάλλον υπολειτουργεί) και σου λέει να σταματήσεις να έχεις νέα δραστηριότητα. Όμως εάν η πώληση που κάνεις είναι μεγάλη, τότε θα χρειάζεται και κάποιον χρόνο να ολοκληρωθεί. Ας πούμε 2 μήνες. Εάν λοιπόν τώρα κάνεις κάθε μέρα 10 επαφές έχεις πιθανότητες σε 2 μήνες να κάνεις κάποιες πωλήσεις. Όταν αρχίσεις πράγματι να κάνεις αυτές τις πωλήσεις δεν πρέπει να σταματήσεις να κάνεις τις 10 επαφές κάθε μέρα γιατί πολύ απλά στους επόμενους 2 μήνες δεν θα κάνεις πωλήσεις. Και τότε θα αρχίσεις να τρέχεις να καλύψεις το κενό.

Έτσι η απόδοσή σου είναι πάνω κάτω και δεν μπορείς να βασιστείς ότι θα έχεις σταθερότητα στο εισόδημά σου (φυσικά θα κατηγορήσεις την αγορά, τις πωλήσεις, τους συναδέλφους κλπ ενώ μόνον εσύ είσαι υπεύθυνος για την επιτυχία ή την αποτυχία σου).

Εάν είναι να πάρεις κάτι από αυτό το βιβλίο, πραγματικά ελπίζω να είναι αυτό. Οι πωλήσεις απαιτούν δραστηριότητα!

Βελτίωση μέσα από την δραστηριότητα. Αυτό που είναι πολύ σημαντικό είναι η βελτίωση των δεξιοτήτων μέσα από την δραστηριότητα. Δεν πρέπει να χάνεις τα μαθήματα που σου δίνει η ζωή στις πωλήσεις. Εξάλλου, όπως είπαμε και παραπάνω, τα πλήρωσες ήδη με την απώλεια μιας πώλησης.

Πρέπει να εξετάζεις τι έφταιξε και να βελτιώνεις την απόδοσή σου. Ο κύκλος εκμάθησης είναι Θεωρία – Δράση – Αποτέλεσμα – Ανάλυση και πάλι από την αρχή όπως δείχνει και το διάγραμμα.

Αυτό που οι περισσότεροι πωλητές δεν κάνουν είναι η ανάλυση. Παίρνουν την αποτυχία της πώλησης προσωπικά και δεν κάθονται να αναλύσουν σε πιο σημείο έκαναν το λάθος και την έχασαν, με αποτέλεσμα να επαναλαμβάνουν διαρκώς τα ίδια λάθη. Μην κάνεις το ίδιο λάθος. Εάν νομίζεις ότι δεν μπορείς να καταλάβεις που είναι το λάθος που κάνεις επικοινώνησε με κάποιον ειδικό και θα σε βοηθήσει να μην χάνεις χρόνο στον δρόμο για την βελτίωση στις πωλήσεις.

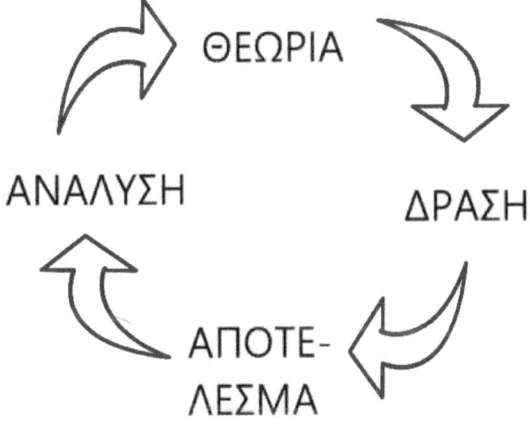

Ο κύκλος της Δραστηριότητας.

(kaizen)

改善

continuous improvement

Κεφάλαιο 19.

Η σημασία της προσωπικής ανάπτυξης.

Η προσωπική ανάπτυξη είναι ο σημαντικότερος παράγοντας για τον δρόμο για την επιτυχία. Για την ακρίβεια θα πρέπει να πω ότι δεν υπάρχει άλλος δρόμος προς την επιτυχία. Και θα δώσω έμφαση με ένα παράδειγμα. Ας πούμε ότι εσύ και ο συνάδελφός σου είστε στην ίδια κατάσταση ακριβώς, όμως εσύ αποφασίζεις να κάνεις μία και μόνο αλλαγή στην ζωή σου. Να διαβάζεις 15 σελίδες από κάποιο βιβλίο πωλήσεων κάθε μέρα. Όχι να πηγαίνεις σε όλα τα σεμινάρια που γνωρίζεις, ούτε να ακούς μια δυο ώρες την ημέρα στο αυτοκίνητο σου

117

σεμινάρια, ούτε να πάς για εκπαίδευση πάνω στις πωλήσεις...απλά να διαβάζεις κάθε μέρα 15 σελίδες. Σε ένα χρόνο θα έχεις διαβάσει 27 βιβλία των 200 σελίδων για τις πωλήσεις. Τι πιστεύεις ότι θα γίνει στην δουλειά σου; Θα πάει καλύτερα με όλες τις γνώσεις που θα αποκομίσεις;

Μόνο εάν το κάνεις!

Οι πωλήσεις και οι πολεμικές τέχνες, κατά την προσωπική μου άποψη, είναι 2 χώροι που για να γίνεις πραγματικά καλός πρέπει να έχεις διαρκή δίψα για αυτοβελτίωση. Είναι η ανάγκη που έχει ο καθένας για διαρκής βελτίωση, για να δει πόσο καλύτερος μπορεί να γίνει, πόσα μπορεί να κάνει, πόσα μπορεί να κερδίσει, πόσα μπορεί να καταφέρει.

Ο άνθρωπος είναι ο μοναδικός ζωντανός οργανισμός που μπορεί να θέσει όρια στον εαυτό του και δεν αναπτύσσεται όσο περισσότερο μπορεί.

Η διαρκής αυτοβελτίωση ονομάζεται **Kaizen**. Ένας γιαπωνέζικος όρος πολεμικών τεχνών.

Ειδικά στον χώρο των πωλήσεων αυτοί που ονομάζονται champion salesmen επιστρέφουν πάντα στην επανάληψη της εκπαίδευσης των βασικών δεξιοτήτων πρόθυμα γιατί είναι εκεί που θα βρεις που υστερείς και τι πρέπει να κάνεις για να πας καλύτερα. Δεν μπορούμε, φυσικά να κερδίσουμε όλες τις πωλήσεις. Αυτό είναι πέρα από τον έλεγχό μας. Και δεν είναι παράλογο. Αυτό που είναι παράλογο είναι να σαμποτάρουμε τον εαυτό μας πάντα με τους ίδιους φόβους και άγχη. Και εδώ θα σε ρωτήσω κάτι πολύ σοβαρό. Κάτι που θα ήθελα να σκεφτείς προσεκτικά.

Εφόσον γνωρίζεις τι πρέπει να κάνεις για να πετύχεις στις πωλήσεις, ή ακόμα και στην ζωή, γιατί δεν το κάνεις;

Σκέψου το αυτό. Στο αυτοκίνητο όπου είσαι μόνος σου, στο σπίτι ή οπουδήποτε είσαι. Σκέψου ειλικρινά και αναρωτήσου εάν όλα τα υπόλοιπα που συζητάς με φίλους και συνεργάτες είναι απλά μια δικαιολογία. Δεν είναι η κρίση, η κακή αγορά, η τιμή του προϊόντος και τα λοιπά που σε κρατάνε μακριά από την επιτυχία αλλά οι φόβοι και τα άγχη που δεν έχεις ακόμα ξεπεράσει...Σκέψου το.

119

Εάν είναι έτσι, παραδέξου το, αυτό είναι το πρώτο βήμα. Μετά να υποσχεθείς στον εαυτό σου ότι θα κάνεις ότι χρειαστεί για να τους ξεπεράσεις. Ότι δεν θα τους αφήσεις να μπουν εμπόδιο στην πορεία προς αυτό που θέλεις. Σας μιλάει κάποιος που έπρεπε να το κάνει αρκετές φορές στην ζωή του για να δει αποτελέσματα. Κάποιος που ακόμα και τώρα που γράφει αυτές τις γραμμές, χωρίς να θεωρεί τον εαυτό του συγγραφέα, πρέπει να ξεπεράσει όλες του τις αμφιβολίες και να εκτεθεί.

Θέλεις το μυστικό για την επιτυχία στις πωλήσεις στην σημερινή πραγματικότητα; Κάνε αυτά που αναφέραμε παραπάνω σε τουλάχιστον 10 επαφές την ημέρα, κάθε μέρα. Απλό δεν είναι; Εδώ όμως είναι και η παγίδα. Όσο απλό είναι να το κάνεις για μια μέρα τόσο απλό είναι να μην το κάνεις κάθε μέρα. Οι πωλήσεις, η ζωή, απαιτούν από εμάς μόνον ένα πράγμα, κουράγιο!

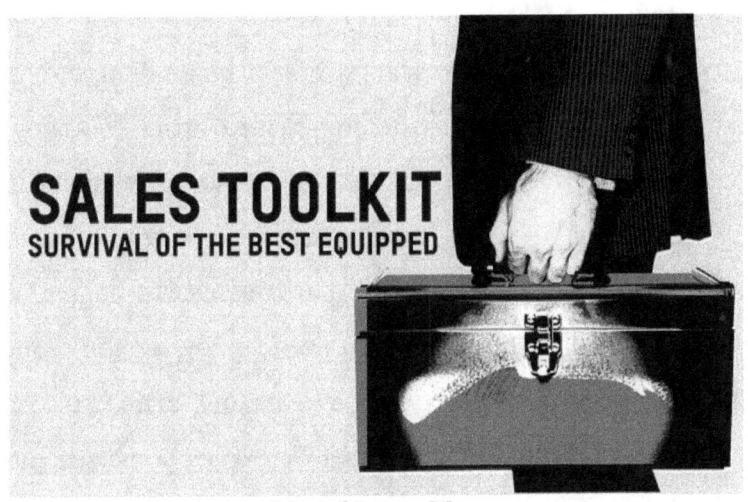

SALES TOOLKIT
SURVIVAL OF THE BEST EQUIPPED

Κεφάλαιο 20.

Εργαλεία προσωπικής και εταιρικής παραγωγικότητας.

Χρήση εργαλείων προσωπικής παραγωγικότητας

Σήμερα πλέον όλοι μας πρέπει για να επιβιώσουμε στον χώρο της πληροφορίας, να γνωρίζουμε μερικά βασικά πράγματα - εργαλεία που θα μας κάνουν την ζωή πιο εύκολη. Ακόμα και αν δεν το πιστεύουμε εμείς φτάνει που το πιστεύουν οι πελάτες μας. Δεν μπορεί π.χ. να μας ζητηθεί μια επικοινωνία με email και να μην γνωρίζουμε πως θα γίνει αυτή. Πρέπει να εκπαιδευτούμε πάνω σε εργαλεία.

CRM. Το σημαντικότερο εργαλείο για μια επιχείρηση και αυτό που είναι λιγότερο γνωστό στην Ελληνική πραγματικότητα. Το CRM (Customer Relationship Management) είναι μια πλατφόρμα στην οποία καταγράφονται όλοι οι πελάτες, η επικοινωνία μαζί τους και στατιστικά στοιχεία σχετικά με τις ενέργειες που έχουν γίνει για την μετατροπή τους από απλούς επισκέπτες σε πελάτες και διαφημιστές. Μπορεί να το εφαρμόσει είτε μια μεγάλη εταιρία (και το κάνει) είτε μια μικρομεσαία επιχείρηση ή ένας μεμονωμένος πωλητής.

Υπάρχουν συστήματα CRM που συνδέονται και με λειτουργίες μάρκετινγκ και σε συνεργασία με την ιστοσελίδα ή τα social media μιας επιχείρησης παρακολουθούν και καθοδηγούν τους επισκέπτες από την πρώτη επαφή έως και την αγορά και τις μετέπειτα κινήσεις.

Δεν είναι στόχος αυτού του βιβλίου να σου δείξει όλες τις πτυχές της χρήσης του CRM (υπάρχουν πάρα πολλά βιβλία που το κάνουν αυτό) αλλά να σε βάλει στην διαδικασία να δοκιμάσεις την χρήση του και να δεις τα αποτελέσματά σου και την οργάνωσή σου να απογειώνεται.

Προσωπικά τα τελευταία χρόνια έχω χρησιμοποιήσει αρκετά και έχω καταλήξει σε 2 που τα θεωρώ τα καλύτερα για μια μικρομεσαία επιχείρηση. Είναι το Bitrix24 και το HubSpot. Και στα 2 μπορείς να ξεκινήσεις δωρεάν την χρήση τους (έως τώρα που γράφω αυτές τις γραμμές) και έχουν άπειρες δυνατότητες. Εάν χρειάζεσαι βοήθεια στο στήσιμο και την εκπαίδευση του CRM φυσικά μπορείς να επικοινωνήσεις μαζί μας!

Κάτι που επίσης πρέπει να ξέρεις για το CRM είναι ότι δεν πρέπει να το αφήσεις να γίνει αυτοσκοπός. Να μην χάνεις πάρα πολύ χρόνο με την χρήση του και να είναι για σένα εργαλείο παραγωγικότητας όχι εργαλείο ελέγχου (όπως οι περισσότερες εταιρίες τείνουν να το χρησιμοποιούν).

Email: Στήσε μια καλή υπογραφή (το HubSpot CRM δίνει ένα δωρεάν εργαλείο δημιουργίας υπογραφής). Αυτή μπορεί να περιέχει τόσο πληροφορίες για να μπορεί κάποιος να σε βρει ποιο εύκολα ή ακόμα και μια προτροπή σε ενέργεια. Επίσης, φρόντισε να ξέρεις πως να επεξεργαστείς το email σου παραγωγικά. Αυτό είναι πολύ σημαντικό γιατί αυτά τα εκατοντάδες email που υπάρχουν στο inbox σου είναι βέβαιο ότι υπάρχον και στον ψυχισμό σου. Μπορείς να επικοινωνήσεις μαζί μας στο info@bizman.gr για να δεις το επόμενο **workshop**

παραγωγικότητας ή για πληροφορίες παραγωγικότητας που λύνουν τέτοια θέματα.

Email tracking system. Χρησιμοποιώντας το email για να στείλεις μηνύματα σε πελάτες αυτό που θέλεις είναι να ξέρεις εάν κάποιος άνοιξε το μήνυμα που του έστειλες, εάν είδε το επισυναπτόμενο αρχείο και πότε. Έτσι μπορείς άμεσα να επικοινωνήσεις εσύ μαζί του την στιγμή που ξέρεις ότι είσαι στο μυαλό του. Υπάρχουν προγράμματα που το κάνουν αυτό. Μερικά είναι τα Yesware, Bananatag και φυσικά το HubSpot.

Επαφές: Πολύ συχνά βλέπω ανθρώπους να ζουν με τον φόβο να μην χάσουν το τηλέφωνό τους και τις επαφές τους. Με έναν απλό λογαριασμό gmail μπορείς να συγχρονίσεις τις επαφές σου εκεί και να μην έχεις ξανά άγχος. Επίσης αν δεν σου το παρέχει η εταιρία ή δεν θέλεις να μπεις στην διαδικασία του Bitrix24 και του HubSpot, το gmail μπορεί να είναι από μόνο του ένα προσωπικό CRM με δυνατότητα σημειώσεων και οργάνωσης ραντεβού στο ημερολόγιο το οποίο επίσης συγχρονίζει με το κινητό.

Evernote. Ή κάποιο ανάλογο πρόγραμμα. Είναι μαγικό για σημειώσεις. Αποθηκεύει στο 'σύννεφο', μπορείς να έχεις κατηγοριοποιημένες τις πληροφορίες τόσο σε σημειωματάρια όσο και με tags. Επίσης είναι δωρεάν! Προσωπικά με βόλεψε πολύ η λειτουργία φωνητικής

124

σημείωσης καθώς ώρα που οδηγώ δεν μου αποσπά την προσοχή. Κάνω μια φωνητική σημείωση, συγχρονίζει και το βράδυ την βλέπω στο σπίτι.

Ο τρόπος καθημερινής παραγωγικότητας θα είναι θέμα του επόμενου μου βιβλίου γιατί μπορεί να κάνει την διαφορά ανάμεσα στην επιτυχία και την αποτυχία. Μετά από πολλά σεμινάρια και την καθημερινή χρήση της μεθοδολογίας GTD το περιεχόμενο που μπορούμε να δώσουμε πάνω στην προσωπική παραγωγικότητα είναι πολύ σημαντικό.

Χρήση εταιρικών εργαλείων.

Οι μεγάλες και σοβαρές εταιρίες έχουν κάποια εργαλεία πάνω στα οποία εκπαιδεύουν τους πωλητές και λανθασμένα αυτό το ονομάζουν εκπαίδευση πωλήσεων. Ένα CRM μπορεί να είναι από πολύ καλός σύμμαχος και πηγή πληροφοριών που θα σε κάνει να φαίνεσαι, και να είσαι, ακόμα πιο επαγγελματίας (μιας και είναι συγκεντρωμένα τα πάντα εκεί και με πολύ μεγάλές δυνατότητες άμεσης εύρεσης και χρήσης πληροφορίας) μέχρι ένα μεγάλο εμπόδιο στην καθημερινότητά σου έξω στον δρόμο.

Για να δώσω ένα παράδειγμα. Στους d2d πωλητές οι περισσότερες εταιρίες έδιναν παλαιότερα laptop. Δεν υπάρχει κάτι ποιο δύσχρηστο από αυτό. Ένα απλό tablet μπορεί να κάνει πολύ καλύτερα την δουλειά μιας και είναι συνδεδεμένο άμεσα στο διαδίκτυο και μπορεί να έχεις άμεση πρόσβαση παντού. **Εξοδολόγιο.** Το εξοδολόγιο είναι, ως συνήθως, ένα αρχείο Excel στο οποίο περνάς τα έξοδά σου και μαζί με τις αποδείξεις το στέλνεις στην εταιρία για να δικαιολογήσεις τα έξοδα. Μερικές συμβουλές για αυτό. Μην κρατάς τις αποδείξεις στο πορτοφόλι σου αλλά στο σπίτι στον φάκελο που ανήκουν. Εάν στέλνεις με κούριερ οτιδήποτε κρατάς ΠΑΝΤΑ το αποδεικτικό από το κούριερ. Σε κάθε απορία μιλάς πρώτα με τον προϊστάμενο σου και όχι αφού κάνεις το λάθος.

Εβδομαδιαίο Πρόγραμμα. Κάθε Σαββατοκύριακο βλέπεις τι ραντεβού είχες την εβδομάδα που πέρασε και ποια από αυτά γέννησαν επόμενα ραντεβού. Επίσης βλέπεις ποια ραντεβού σου δεν έγιναν για κάποιον λόγο και όλα αυτά τα οργανώνεις για την επόμενη. Μπορεί να το μισήσεις αλλά είναι πραγματικός θησαυρός και πρέπει να το κάνεις από μόνος σου ακόμα και εάν δεν είσαι σε μια εταιρία. Πρόγραμμα – Πρόγραμμα – Πρόγραμμα.

Το ημερολόγιο πρέπει να είναι γεμάτο ραντεβού. **Ο λευκός χώρος στο ημερολόγιο είναι το χειρότερο πράγμα. Γεννάει αδιαφορία, αμφιβολία και τεμπελιά.**

126

Γέμισε το ημερολόγιό σου. Είναι φορές που έχω 2 και 3 ραντεβού την ίδια ώρα. Προτιμώ τέτοια προβλήματα από το να μην έχω ραντεβού.

Διαχείριση Περιοχής. Εάν η εταιρία σου έχει περιοχή την οποία σου αναθέτει πρέπει να θυμάσαι μερικά απλά πραγματάκια. *Δες εάν υπήρχαν παλαιότεροι συνεργάτες και φρόντισε κάποια στιγμή να τους επισκεφθείς και να δεις γιατί σταμάτησαν. Μην μένεις σε ένα μέρος της περιοχής αλλά κάλυψε όσο το δυνατόν περισσότερο την περιοχή γιατί μπορεί να σου την περιορίσουν αργότερα.*

Φρόντισε να μάθεις τον ρυθμό αναπλήρωσης εάν υπάρχει και προετοίμασε τις επόμενες κινήσεις εάν πρόκειται να την καλύψεις για να μην έχεις πρόβλημα. Φρόντισε να γνωρίσεις γρήγορα την περιοχή σου τόσο τοπογραφικά όσο και ψυχολογικά.

Είναι σημαντικό να αναπτύξεις την ικανότητα να διαχειρίζεσαι την περιοχή σου.

Εάν βγαίνεις έξω «στα τυφλά» χωρίς σωστή στρατηγική και σχεδιασμό δεν εκμεταλλεύεσαι ούτε τις δικές σου δυνατότητες αλλά ούτε και της περιοχής σου.

Έτσι οδηγείσαι σε άστοχες μετακινήσεις όπου ο χρόνος που θα μπορούσες να αφιερώσεις στους πελάτες σου ξοδεύεται πίσω από το τιμόνι, τα έξοδα μετακίνησής σου ανεβαίνουν, κάποιους πελάτες αργείς να επισκεφθείς ενώ άλλους τους βλέπεις συχνότερα από ότι θα έπρεπε.

Η σωστή μελέτη, αξιολόγηση και διαχείριση της περιοχής σας θα αυξήσει δραστικά την αποτελεσματικότητά σας στην πώληση.

Στις εκπαιδεύσεις που κάνουμε στις πωλήσεις πολύ συχνά βλέπω πωλητές να ξεκινάνε με όρεξη και μετά από μερικές βδομάδες να χάνουν την δυναμική τους, να νοιώθουν ότι έχουν χάσει τον έλεγχο και να πέφτει δραματικά η απόδοσή τους. Αυτό συμβαίνει γιατί δεν οργανώνουν την δραστηριότητά τους όπως αναφέραμε παραπάνω.

Επίσης μπορεί να συμβαίνει (μου έχει συμβεί και προσωπικά) μετά από μερικούς μήνες σε μια εταιρία να πέφτει η απόδοση και οι πωλήσεις. Εάν δεν πρόκειται για οργανωτικό πρόβλημα τότε πιθανώς το εξής. Ο πωλητής είτε έχει χάσει την πίστη του στο προϊόν ή την υπηρεσία (δεν ξέμαθε ξαφνικά να πουλάει) είτε ο πωλητής έχει αποστασιοποιηθεί από κάτι που έγινε στην ίδια την εταιρία και πηγαίνει ενάντια στις αξίες του με αποτέλεσμα να σταματήσει να ενδιαφέρεται.

Στην πρώτη περίπτωση ως υπεύθυνος πρέπει να μιλήσεις μαζί με τον πωλητή και να αναπτερώσεις το ηθικό του για αυτό που πουλάει. Στην δεύτερη, εάν σου πει ποτέ τι ήταν αυτό που έριξε την απόδοσή του, θα πρέπει να δεις εάν ισχύει και πως λύνεται γιατί η απλή αλλαγή προσωπικού δεν πρόκειται να βελτιώσει την κατάσταση.

Όλα τα παραπάνω είναι εργαλεία, και είμαι σίγουρος ότι εφόσον διαβάζεις αυτό το βιβλίο σε ενδιαφέρει να εργαστείς επαγγελματικά πάνω στις πωλήσεις. Πόσο όμως; Έχεις ξεκαθαρίσει ότι αυτό θα είναι το επάγγελμά σου ή είναι κάτι που θα κάνεις μέχρι να βρεις μια καλύτερη δουλειά; Αυτή η δέσμευση θα κάνει και την διαφορά τελικά. Πρέπει να κάψεις τα καράβια σου αφού περάσετε την θάλασσα. Να μην υπάρχει επιστροφή. Αποφασιστικότητα λοιπόν για την παραγωγή αποτελέσματός! Εξάλλου όλοι πουλάμε διαρκώς. Εσύ δεν ξέρεις να πουλάς;

Παράρτημα

Οι βασικές μεθοδολογίες πωλήσεων και μερικές πληροφορίες για αυτές.

Εκπαίδευση Sandler

Ξεκίνησε το 1967 από τον David Sandler το σύστημα πωλήσεων Sandler εστιάζει στην μακροχρόνια επιτυχία και όχι στις πρόχειρες λύσεις. Ήταν από τις πρώτες μεθοδολογίες που μίλησε για την χρήση του 'πόνου' στις πωλήσεις. Είναι πολύ καλή για χρήση τόσο από μεγάλες εταιρίες με περίπλοκο κύκλο πωλήσεων όσο και από νέες εταιρίες που θέλουν να ανταγωνιστούν στην αποτελεσματικότητα τις μεγαλύτερες.

MHI Strategic Selling

Έχοντας ξεκινήσει το 1960 από τον Μπομπ Μίλλερ και τον Στίβεν Χέλμαν η μεθοδολογία Strategic Selling εστιάζει σε μια πρακτική διαδικασία που μπορεί να αφομοιωθεί εύκολα και η οποία παίρνει πολύπλοκα προβλήματα και τα αναλύει βήμα προς βήμα με σκοπό να είναι πιο εύκολα διαχειρίσιμα. Η μεθοδολογία προσπαθεί να δημιουργήσει μια κατάσταση win-win ανάμεσα στους εμπλεκόμενους έτσι ώστε να χτιστεί η εμπιστοσύνη.

Solution Selling (SPI)

Μια μεθοδολογία που δημιουργήθηκε από τον Μαικ Μποσγουορθ μετά από έρευνες για την εταιρία Xerox. Οι έρευνες αυτές έγιναν πάνω στους καλύτερους πωλητές της Xerox με σκοπό να βρουν τι είναι αυτό που κάνουν διαφορετικά. Όπως πολλές μεθοδολογίες είναι εξαιρετική για Β2Β αλλά σε αντίθεση με άλλες αυτοί που την εφαρμόζουν λένε ότι μπορεί να χρησιμοποιηθεί και σε μικρές πωλήσεις.

SPIN Selling

Την δεκαετία του 80 ο ψυχολόγος Νιλ Ρακμαν έκανε μια έρευνα σε 35.000 τηλεφωνήματα για 12 χρόνια. Βλέποντας τι έκαναν τόσο οι αγοραστές όσο και οι πωλητές στα τηλεφωνήματα αυτά σύνδεσε τα στοιχεία της επιτυχίας που εμφανιζόταν σε μια μεθοδολογία. Είχε μεγάλη επιτυχία και τον προσέλαβαν όλες οι μεγάλες εταιρίες για την πρακτική εφαρμογή. Η ορθή χρήση των σωστών ερωτήσεων προσθέτει αξία στην λύση που προσφέρεις είναι το βασικό δόγμα της μεθόδου που μπορεί να χρησιμοποιηθεί σε μεγάλες πωλήσεις.

ValueSelling Framework

Δημιουργήθηκε το 1991 από τον Λοιντ Σαπινγκτον, έναν από του πρωτοπόρους στην μεθοδολογία πωλήσεων της Xerox. Το ValueSelling Framework απλοποιεί τις διαδικασίες έτσι ώστε να είναι ευκολότερες για τους πωλητές να τις μάθουν και να τις χρησιμοποιήσουν. Είναι πολύ καλή για περίπλοκες πωλήσεις B2B που χρειάζονται διαφοροποίηση για να πετύχουν.

Πελατοκεντρική Πώληση (Customer-Centric Selling)

Δημιουργήθηκε το 2002 από τον John Holland, τον Frank Visgatis και τον Gary Walker με σκοπό να ενσωματώσει την τεχνολογία στην διαδικασία των πωλήσεων. Είδαν ότι ο κόσμος προτιμούσε να αγοράσει βελτιωμένα προϊόντα και θέλησαν να κάνουν τις σωστές ερωτήσεις για μοντέρνους αγοραστές. Αν και οι ρίζες της είναι στα προϊόντα τεχνολογίας μπορεί να χρησιμοποιηθεί σε όλων των ειδών τις πωλήσεις.

RAIN Selling

Το 2002 ο Μαικ Σουλτς και ο Τζον Ντοερ δημιούργησαν την μεθοδολογία RAIN. Βασίστηκαν σε αναλύσεις τις οποίες διεξάγουν ακόμα και τώρα με σκοπό να κάνουν την διαδικασία της πώλησης ποιο εύκολη για τους πελάτες. Είναι γνωστή για την πολύ μεγάλη ανάλυση πάνω από στην οποία βασίζεται. Είναι ιδανική για μεγάλες πωλήσεις όπου υπάρχουν πολλοί υπεύθυνοι αποφάσεων, όπως οι οικονομικές υπηρεσίες, οι ασφαλιστικές κλπ.

ΕΠΙΛΟΓΟΣ

Σας ευχαριστώ για τον χρόνο σας! Εάν έχετε οποιαδήποτε ερώτηση ή παρατήρηση μπορείτε να επικοινωνήσετε μαζί μου στο info@bizman.gr Είμαι ο Μηλιάτσης Γιάννης και εφόσον μείνατε ευχαριστημένοι από την επένδυσή σας αυτή μπορείτε να επικοινωνήσετε μαζί μας **για οποιαδήποτε βοήθεια.**

Στο Bizman.gr μπορούμε να σας βοηθήσουμε με:

- Εκπαίδευση Πωλήσεων B2B

- Εκπαίδευση Παραγωγικότητας

- Εκπαίδευση Πωλήσεων λιανικής

- Διαχείριση Social Media

- Απομακρυσμένες εκπαιδεύσεις μέσω Skype ή LMS (Learning Management System)

- Προώθηση επιχείρησης

Και πολλά ακόμα!

Επίσης θα χαρώ να αφήσετε κάποια κριτική για το βιβλίο στην Amazon!

Σας εύχομαι ολόψυχα καλή τύχη και σας αφήνω με αυτό από τον Τζιμ Ρον.

Για να έχεις περισσότερα πρέπει να γίνεις περισσότερα.